国别视域下的消费者善因营销感知研究

孙路平 著

山东大学出版社
SHANDONG UNIVERSITY PRESS
·济南·

图书在版编目(CIP)数据

国别视域下的消费者善因营销感知研究/孙路平著
.—济南：山东大学出版社，2022.5
ISBN 978-7-5607-7283-7

Ⅰ. ①国…　Ⅱ. ①孙…　Ⅲ. ①消费者行为论－研究－中国　Ⅳ. ①F723.5

中国版本图书馆 CIP 数据核字(2021)第 266438 号

责任编辑　李　璐
封面设计　王秋忆

国别视域下的消费者善因营销感知研究

GUOBIE SHIYU XIA DE XIAOFEIZHE SHANYIN YINGXIAO GANZHI YANJIU

出版发行　山东大学出版社
社　　址　山东省济南市山大南路 20 号
邮政编码　250100
发行热线　(0531)88363008
经　　销　新华书店
印　　刷　济南巨丰印刷有限公司
规　　格　720 毫米×1000 毫米　1/16
　　　　　11.5 印张　182 千字
版　　次　2022 年 5 月第 1 版
印　　次　2022 年 5 月第 1 次印刷
定　　价　59.00 元

前　言

21 世纪的企业面临着经济责任与社会责任的双重压力。一方面，在这个商品价格与质量日趋相近的市场环境中，单一地提供优质产品或服务已经不能满足企业长期稳定发展的需要；另一方面，企业是社会公民，还需承担“社会人”的角色，积极参与社会事务。企业作为营利性组织，为了更好地生存和发展，努力寻找一种能够兼顾获取利益和履行社会责任的营销方式。在这种背景下，善因营销应运而生。善因营销是一种可以带来经济效益与社会价值的营销活动，当消费者购买企业产品时，企业会将部分收益捐赠给其支持的慈善事业来解决某种社会问题。善因营销作为一种新型战略营销模式，受到了企业的广泛关注。国内外众多企业和品牌纷纷开展善因营销活动，一些企业与公益组织合作拉近了企业与消费者之间的距离，提高了消费者对企业以及品牌的认知度，提升了品牌的满意度。比如农夫山泉，“喝一瓶水、捐一分钱”的案例被广大消费者津津乐道。但失败的案例也是不胜枚举，比如肯德基曾与一家乳腺癌研究基金会合作，承诺每销售一个全家桶，就向该机构捐赠 0.5 美元。但肯德基全家桶高脂肪、高热量的不健康标签与乳腺癌研究所的形象背道而驰，遭到了消费者的嘲讽与抵制。

了解消费者善因营销失败的原因，首先要明确消费者的特征以及消费者处理善因营销活动信息的路径。根据有限理性人理论，由于人类受到有限资源、认知能力不完全以及文化信仰等影响，人类的行为决定不可能是完全理性的结果。[①] 人是“认知上的吝啬鬼”，愿意采用一种简单方便的方式来处理新信息。图式理论指出，当个体面对杂乱无章的知识与信息时，他们会将这些新信息打包成记忆结构中的模块，以帮助他们今后从大脑中提取知识。[②] 学者们目前找到了消费者记忆结构中的一个模块——动机。根据归因理论，个体在面对外界环境的不确定情况时，为了控制外界情境或明确自己的行为导向，会倾向于推断外部情境与个体行为的原因。在善因营销活动中，消费者根据自己了解的企业善因营销活动特征及内外在表现形式来推测该活动的动机。消费者在推断过程中，通常会使用折扣理论。[③] 根据折扣理论，当企业的善因营销行为出现因果关系不统一时，消费者会对过去所推断的归因打折扣。即便消费者对企业以往善因营销的实施持有利他动机归因，但当面对新一轮的营销不一致行为时，消费者也会对以往的利他动机归因表示质疑。企业要做到言行一致，过低或过高的企业承诺都可能给消费者带来“感受过分”的情绪，从而产生出力不讨好的结果。

消费者记忆结构中的模块显然不是单一的。个人图式理论即刻板印象理论指出，当人与他人互动时，新信息就被打包成两个模块，它们分别是温暖与能力。克尔文(N. Kervyn)等把品牌拟人化，将刻板印象理论应用在品牌感知上，提出能力与意图两个维度，建立了品牌意图能动框架。[④] 国内学者吴波等在研究中从中国国情出发，增加了道德维度。他们提出了品牌感知的能力、道德、亲切三个方面的维度。[⑤] 总体来说，在中国，消费者更容易在道德的影响下，进行品牌产品选择。本书从中国消费者能力感知、利他动机感知以及道德感知三个维度来研究消费者对善因营销信息的响应。

梳理了消费者感知善因营销活动的三个维度后，本书将讨论：善因营销的哪些策略或特征能给消费者带来正面的能力感知、利他动机感知以及道德感知，消费者这三个维度的感知怎样影响消费者的忠诚意愿。

---

① 参见 D. Kahneman, “Maps of Bounded Rationality: Psychology for Behavioral Economics,” *American Economic Review*, vol. 93, no. 5 (2013), pp. 1449-1475。

② 参见刑强:《现代认知心理学关于图式模型的研究》,《心理学探新》2002 年第 4 期。

③ 参见 H. H. Kelly, *Attribution in Social Interaction*, New York: General Learning Press, 1971, p. 20。

④ 参见 N. Kervyn, S. T. Fiske, and C. Malone, “Brands as Intentional Agents Framework: How Perceived Intentions and Ability Can Map Brand Perception,” *Journal of Consumer Psychology*, vol. 22, no. 2 (2012), pp. 166-176。

⑤ 参见吴波、李东进、杜立婷:《消费者品牌感知研究——对品牌意图能动框架的延伸》,《管理评论》2015 年第 2 期。

在相关文献梳理和理论分析的基础上，本书首先对30位消费者进行深度访谈，运用扎根理论提炼出善因营销特征维度并构建了善因营销感知对消费者忠诚意愿的影响机理模型，并结合对消费者的问卷调查数据，对该模型进行验证与分析。主要从以下三个方面进行探讨。第一，企业善因营销活动特征的维度研究。本书结合文献梳理、理论分析、深度访谈、扎根理论的探索性研究，对善因营销特征的内容及维度进行提炼，提出四个维度——投入度、一致性、适时性与匹配度，并在此基础上开发了善因营销特征的量表。第二，进行消费者善因营销感知对其忠诚意愿影响的内在机理的探索性研究并提出假设。本书通过实证的方式对模型进行拟合检验和假设检验，从感知到情感再到行为的研究范式构建了善因营销感知影响消费者忠诚意愿的理论模型和操作模型，对影响机理进行分析，并提出假设。第三，消费者善因营销感知对其忠诚意愿影响机理的验证和分析。本书采用问卷调查方法收集一手数据，并应用 SPSS 23.0 和 AMOS 21.0 对消费者善因营销感知到消费者忠诚意愿影响路径进行验证和分析，并对消费者依恋的中介作用、依恋逃避与自我提升的调节作用进行验证分析。

本书结合定性与定量的研究方法，对消费者善因营销感知影响其忠诚意愿的内在作用机理进行研究，取得了以下发现。

第一，善因营销特征可以从投入度、一致性、适时性、匹配度四个维度展开研究。本书利用文献整理、深度访谈、扎根理论等质性研究方法，深度挖掘善因营销的特征属性，提炼出企业善因营销的四个维度。投入度表现为企业对慈善事业的资金投入、宣传力度、善款使用透明度、活动持续性四个方面；一致性是用动态的视角来看待善因营销的投入水平，具体表现在投入度与企业自身能力的比较、投入与以往投入的比较以及投入与企业其他投入的比较；适时性是指企业选择参与善因营销活动的时机是否合适，它既指自身对于外界环境的反应速度，也指企业参与活动前的经营状况，具体表现在企业对灾难事件的反应速度以及开展善因营销活动前企业内部经营状况(是否具有产品危机等)；匹配度则是从企业与所选慈善事项的功能契合和形象契合两个角度来解读。通过选取合适样本进行预测试可以得知本书提炼的善因营销特征量表具有较高的信度和效度，能够很好地在中国文化情境下进行应用。

善因营销特征中的投入度、一致性、匹配度与适时性对消费者能力感知、利他动机感知和道德感知有显著影响，但其影响程度不同。投入度对消费者感知企业能力与道德的影响最大。企业在善因营销活动中的资金投入、时间与精力投入可以更好地体现消费者对企业的能力与道德感知。企业在善因营销活动中要关注资金投入、宣传力度、善款的使用透明度以及活动的持续性，以加强消费者对企业的能力与道德感知。对消费者利他动机感知影响最大的善因营销活动特征是适时性。企业要密切关注社会问题，快速对社会问题进行回应，以此来加强消费者对善因营销活动的利他动机感知。若企业在内部出现产品或品牌危机时进行善因营销活动，或许会起到适得其反的作用。

第二，消费者善因营销感知对消费者忠诚意愿起到正面影响，但影响程度不同。消费者善因营销感知的三个维度——能力感知、利他动机感知以及道德感知对消费者忠诚意愿的影响显著，即消费者感知到企业能力越强、利他动机越明显、道德水平越高，他们越容易对企业做出未来承诺，比如，持续购买、延迟购买等。本书研究表明，能力感知对消费者忠诚意愿的影响最为显著。这一发现说明随着消费者对善因营销的深入了解，为了最优化自己的决策，他们已由最初的判断企业动机转移到对企业能力的感知。说服知识理论指出，当消费者对某种说服知识比较欠缺时，为防止被操纵，他们会从营销活动中寻找线索来判断企业采用这种说服知识的动机；随着消费者说服知识的增加，他们为确保购买决策的最优化，会采取其他策略来应对企业的营销模式。[①] 此次研究结果是对现存文献过分强调利他动机对消费者忠诚意愿的影响机制研究的一次挑战。

第三，消费者善因营销感知通过消费者依恋影响忠诚意愿。通过实证分析证实消费者依恋的中介作用是存在的，消费者从能力、利他动机、道德三个方面对企业善因营销活动进行感知，当感知到企业拥有强大的能力、表现出强烈的利他动机以及具备良好的道德形象时，消费者会对企业产生强烈的情感依恋，进而促进消费者对参与善因营销活动的企业产生忠诚意愿。这一研究结果表明，善因营销策略与消费者忠诚度之间的关系不是必然的，它是通过善因营销活动与消费者建立的强烈情感给企业带来持续的经济与关系价值。所以，企业不应把善因营销作为获取消费者利益的工具，而应当把善因营销作为与消费者建立情感依恋的途径。只有具备了情感依恋，消费者才会对企业做出未来承诺，并原谅企业的某种过失。

---

① 梁静：《基于说服知识应用的消费者购买决策行为研究》，《经济论坛》2015 年第 6 期。

第四，依恋逃避在消费者善因营销利他动机与消费者依恋关系中具有调节作用，但对能力感知、道德感知与消费者依恋之间的关系没有显著的调节作用。依恋逃避的程度反映了个体对他人的信任度，依恋逃避程度比较高的消费者对于他人或他物具有比较低的信任感。对于依恋逃避程度高的消费者来说，利他动机的展现能提高他们对企业的信任感，从而增强与企业的依恋。企业的能力感知更具有客观性，道德感知更具有持久性，所以依恋逃避对感知和消费者依恋的影响并不显著。

第五，消费者自我提升在善因营销感知与消费者依恋关系中起正向调节作用。这说明相比较自我提升程度低的消费者，自我提升程度比较高的个体认为企业的能力感知、利他动机感知和道德感知与企业的情感依恋更加紧密。他们通过参与能力感知强、利他动机感知明显以及道德感知水平高的善因营销活动来丰富自我、表达自我以及展现自我，从而加强与企业的情感依恋。同理，若他们感知到弱能力、低利他动机以及低道德，他们会疏远与这类企业的关系。

善因营销是一项具备系统性、复杂性和动态性的工程。希望本书可以推动企业在合适的时机选择合适的慈善方式投入合适的资金，以价值为导向、持续展开一系列善因营销活动，提升消费者对企业的能力感知、利他动机感知以及道德感知，通过增强品牌依恋来实现消费者忠诚度提升的目的。同时，企业在使用善因营销这种商业手段的同时，也实现了更加宽广的社会目的。本书的初衷就是引导企业通过与公益事业、消费者等各个利益相关者的良性合作，创造更加美好的社会。

孙路平

2022 年 4 月

目　录

第 1 章　研究概述

1.1　研究背景

1.1.1　实践背景

21 世纪的公司将与之前任何一个时期的企业有所不同，它们同时面临经济责任与社会责任的双重压力。首先，这是一个独具发展潜力的时代，物质条件达到了一个空前的高度，但产品价格和质量之间的缝隙也越来越小，因此企业若想在竞争中占有一席之地，仅仅通过缩减成本、提高商品品质已是远远不够的。企业对慈善事业的支持也成为消费者评价企业、产品与服务的重要因素。很多学者在研究中验证了企业成功实施善因营销给公司带来了经济利益。善因营销可以提升企业的销售额和利润，提升企业的形象。因此善因营销可以为企业提供差异化的策略来缓解其面临的经济压力。①

与此同时，一大批社会经济问题迭生：贫富差距悬殊、不同地区经济发展程度区别化、教育条件差距化、医疗问题严重化、环境发展污染化以及食品问题等。这些日益严重的社会经济问题也使得民众越来越关注企业是否在解决民

---

① 参见 P. R.Varadarajan and A. Menon, "Cause-Related Marketing: A Coalignment of Marketing Strategy and Corporate Philanthropy," *Journal of Marketing*, vol. 52, no. 3 (1988), pp. 58-74。

生问题上出资献力，这也成为影响消费者是否购买企业产品的重要因素。2008年国资委的第1号文件《关于中央企业履行社会责任的指导意见》，首次对中央企业的社会责任进行了规定与要求。该意见指出，在未来的10年里，所有央企必须把承担社会责任放到企业的发展战略中来，定期发布并上交企业承担社会责任的报告，将企业社会责任化。同一时间，以上海市政府为首的地方政府也效仿国资委，明确要求企业关注社会问题，开展社会活动。从此，上到各级政府，下到各个企事业单位，都开始意识到企业能否主动有效承担社会责任已经成为衡量各个地区经济发展水平与企业发展状况的重要指标之一。

许多企业面临双重压力，感到力不从心。针对这一困顿，善因营销行之有效。善因营销既可以帮助企业提高产品销售量，带来一定的经济效益，又可以承担社会责任，赢得消费者的信赖，因此得到了企业的青睐。特林布(Carrie S. Trimble)等认为很多企业采用了资助非营利组织的方法来实施企业的社会责任战略。[①] 瓦拉达拉金(P. R. Varadarajan)和梅农(A. Menon)指出善因营销是企业树立良好的社会形象、进行企业营销的有效手段。[②] 例如，以“农夫山泉有点甜”的广告语走进大众视线的农夫山泉矿泉水于2002年与希望工程合作推出了善因营销活动，每出售一瓶矿泉水就将一分钱用于帮助需要帮助的人，这一举措帮助农夫山泉赢得了消费者的信赖。2008年，格兰仕集团的“中国红”项目与中国红十字基金会达成善因营销合作，每出售一台格兰仕“中国红”系列的微波炉就将一元利润捐给“中国红”慈善项目。农夫山泉与格兰仕集团的这种把企业的经济效益与社会责任承担集合在一起的活动就是现在被广为流传的善因营销活动。

善因营销不同于被动地履行企业的社会责任，它是以推广企业产品或服务、树立企业形象为目的与公益事业单位合作的商业活动，它是个多赢的模式，既可满足企业的经济目的，又可以满足社会需求。艾伦(P. S. Ellen)等通过研

---

① 参见 Carrie S. Trimble and Nore J. Rifon, “Consumer Perceptions of Compatibility in Cause-Related Marketing Messages,” *International Journal of Nonprofit and Voluntary Sector Marketing*, vol. 11, no. 1 (2006), pp. 29-47。

② 参见 P. R.Varadarajan and A. Menon, “Cause-Related Marketing: A Coalignment of Marketing Strategy and Corporate Philanthropy,” *Journal of Marketing*, vol. 52, no. 3 (1988), pp. 58-74。

究表明:4/5的消费者倾向于关注购买与公益事业相关的产品,以此来表明对公益项目的支持;3/5 的消费者表示当企业拥有良好的社会责任感又热衷于公益事业时,他们可以为了支持公益事业来接受企业因投入公益事业带来的产品溢价。① 英国一家名叫"社区中的企业"的组织曾对消费者对善因营销的认知度进行了调查,结果表明超过 4/5 的消费者表示他们较为了解善因营销活动并对这一活动表示支持,超过 3/5 的消费者表示一家拥有正面形象的企业一定是一家勇于承担社会责任、关注社会问题并积极帮助解决社会问题的企业。除此之外,超过 4/5 的消费者表示一旦认可了企业承担社会责任的行为,这将是一个长久的认可,不仅会提高消费者对该企业的信任度,而且还会促使其长久地支持该企业。② 由此可见,善因营销是一个具有长久影响力的营销手段,它也为企业提高利润获得长久发展提供了条件。借助善因营销,企业不仅可以收获大量忠诚的消费者,而且还可以吸引一批可以接受溢价购买或延迟购买的消费者,储存客户资源。所以,在慈善事业成为时代潮流之际,中国企业与非营利组织合作,参与善因营销将成为社会的大趋势。

虽然善因营销活动受到了企业的青睐,在一定程度上缓解了其在经济方面与社会责任方面的双重压力,但是企业的善因营销战略起到适得其反效果的案例也是层出不穷。"善有恶报"的结果也困扰了很多企业,有些企业的善因营销活动甚至引起消费者抵制。例如,上海某集团在食品安全丑闻曝光后的数天内,承诺在未来几年内出资 1000 万元用来提高消费者的食品安全认知。此公司的这种行为非但未得到正面的响应,反而引起消费者的愤怒,消费者甚至发起抵制其公司的签名活动。这样的实例并不少见。所以企业急迫地想要理解怎样的善因营销活动可以带来消费者的正面响应,特别是带来消费者对企业的未来承诺,即消费者的忠诚意愿。

---

① 参见 P. S. Ellen, D. J. Webb, and L. A. Mohr, "Building Corporate Associations: Consumer Attributions for Corporate Socially Responsible Programs," *Journal of the Academy of Marketing Science*, vol. 34, no. 2 (2006), pp. 147-157。

② 参见 S. Adkins, *Cause-Related Marketing: Who Cares Wins*, Boston, MA: Butterworth Heinemann, 1999, pp. 11-19。

1.1.2 理论背景

日益得到企业认可的善因营销策略，开始不断吸引中西方学者的目光，他们开展了相关科研活动与调查。但从总体来说，理论是滞后于实践的，善因营销的起源最早来自实践。

学术界第一次对善因营销进行定义是在1988年，瓦拉达拉金和梅农在他们的论文《善因营销：营销战略和企业慈善的调整》中指出善因营销是企业在一定社会责任感的指引下，开展的企业产品与社会责任相关联的营销活动。[①] 在这一过程中，企业必将获得一定的经济效益，同时将一定比例或数额的经济效益用来发展公益事业。除此之外，瓦拉达拉金和梅农还指出在未来善因营销研究可能的发展方向：一种是不断完善的善因营销理论，一种是关于消费者对善因营销的态度及反应，还有一种是关于善因营销活动涉及的主要双方——企业和慈善机构在活动中可能得到的回报和承担的风险。由于企业开展善因营销活动本质上还是基于利益最大化的最终目的，学者们的研究主要集中于第二个方向，即消费者对善因营销活动的态度，以及影响消费者正面态度的主要因素。

多数实证研究证明，善因营销是一种双赢或多赢的营销策略，消费者对善因营销和其他亲社会行为持有正面态度。[②] 善因营销活动可以提高产品销售额，提升品牌形象，激发消费者的购买意愿。但是随着消费者对营销手段的熟知了解以及社会信任度的日益降低，这一做法有可能适得其反，损害品牌形象。[③] 学者们纷纷从企业、慈善机构以及消费者等不同角度来研究善因营销的

① 参见 P. R.Varadarajan and A. Menon, "Cause-Related Marketing: A Coalignment of Marketing Strategy and Corporate Philanthropy," *Journal of Marketing*, vol. 52, no. 3 (1988), pp. 58-74。

② 参见 P. S. Ellen, L. A. Mohr, and D. J.Webb, "Charitable Programs and the Retailer: Do They Mix," *Journal of Retailing*, vol. 76, no. 3 (2000), pp. 393-406；朱翊敏、李蔚、刘容《慈善营销中契合度、熟悉度和产品性质对消费者响应的影响》，《南开管理评论》2012年第3期。

③ 参见 P. S. Ellen, D. J. Webb, and L. A.Mohr, "Building Corporate Associations: Consumer Attributions for Corporate Socially Responsible Programs," *Journal of the Academy of Marketing Science*. vol. 34, no. 2 (2006), pp. 147-157；S. S. Muller, A. J. F. Karen, and K. Gedenk, " How Much to Give? — The Effect of Donation Size on Tactical and Strategic Success in Cause-Related Marketing," *International Journal of Research in Marketing*, vol. 31, no. 2 (2014), pp. 178-191。

影响因素。[①] 虽然这方面的文献已经有一定规模，得到了许多较为理想的成果，但鲜有学者综合多方面因素来考量，研究结果略显片面。除此之外，现存文献在研究消费者善因营销响应时，多数集中在消费者对善因营销的态度上。[②] 但知行并未合一，因而学术界对于消费者对企业善因营销的态度能否最终带来消费者的购买以及持续购买存在很大质疑，所以消费者态度对消费者忠诚意愿的影响还需得到实践的证明。

虽然学者们从不同角度来研究善因营销响应的影响因素，但其内在机理是类似的：从归因理论来研究消费者对善因营销活动的感知。消费者归因是指消费者根据企业善因营销活动的特征寻找线索推断出企业开展善因营销活动的动机：利己或利他。研究表明，当消费者对企业的善因营销利他动机表示质疑时，他们会表现出较低的参与意愿，反之亦然。说服知识理论可以验证归因理论在解释消费者善因营销感知中的合理性。说服知识理论指出，面对企业提供的各种说服策略，消费者为最大化自己的购买决策，会采取不同的应对措施。当消费者的善因营销说服知识比较匮乏时，为防止自己被操纵，他们会从善因营销活动特征中寻找线索来对企业营销策略进行归因。但目前善因营销策略已被企业广泛应用，消费者已经深刻了解善因营销的内涵以及这种模式利己利他动机共存的特征，消费者会转变决策策略来最大化自己的决定。[③] 从以上分析来看，仅仅从消费者的动机感知来研究善因营销的响应已经不能完全解释其影响机制。因此，要从多个角度来研究消费者对善因营销的感知。消费者采取哪些策略来应对企业的善因营销活动成为学者们需要研究的重要问题；或者说，消费者对善因营销活动的多维感知是学界急迫要解决的问题。

随着关系营销的发展，品牌越来越被赋予与人类类似的品质，比如能力、温

---

① 参见 C. L. Ferle, G. Kuber, and S. M. Edwards, "Factors Impacting Responses to Cause-Related Marketing in India and the United States: Novelty, Altruistic Motives, and Company Origin," *Journal of Business Research*, vol. 66, no. 3 (2013), pp. 364-373。

② 参见 H. J. Kim, J. I. Kim, and W. H. Han, "The Effects of Cause-Related Marketing on Company and Brand Attitudes," *Seoul Journal of Business*, vol. 11, no. 2 (2005), pp. 83-117; A. M. Lavack and F. A. Kropp, "Cross-Cultural Comparison of Consumer Attitudes toward Cause-Related Marketing," *Social Marketing Quarterly*, vol. 9, no. 3 (1999), pp. 3-16。

③ 参见梁静：《基于说服知识应用的消费者购买决策行为研究》，《经济论坛》2015 年第 6 期。

暖等。根据刻板印象内容理论，当同其他个体进行社会交往时，个体会好奇他人或社会群体以怎样的意图来看待自己和自己所处的群体，以及他人达成这种意图的能力。因此，他们从热情和能力两个维度来构建刻板印象内容。① 克尔文等将品牌拟人化，将刻板印象内容应用在品牌感知中，形成了品牌意图能动框架，对意图(intention)和能力(ability)两个维度和品牌感知的评价、情感和行为进行有效整合。② 中国学者吴波等结合中国国情，增加了道德感知。③ 虽然品牌意图能动框架得到很多学者实证研究的认证④，但在善因营销情境中尚未得到应用与验证。品牌意图能动框架提出的能力感知与道德感知两个维度是否会成为消费者应对企业善因营销活动采取的策略，从而在消费者善因营销响应中起到关键作用还需要实践验证。品牌的拟人化赋予了品牌情感，虽然正面情感对行为决策的预测作用得到了验证⑤，但是关于消费者依恋在预测消费者善因营销响应中作用的研究还很匮乏。

综上所述，从实践中看，政府和企业意识到了善因营销的重要性，但还没有深入理解把握消费者善因营销响应的过程与机理。从理论上看，目前在国内善因营销的研究还很少，缺乏本土化的善因营销研究。在国外，学者大多运用归因理论来判断消费者对善因营销活动的感知，缺少对善因营销感知的多维度探索，以及善因营销感知对消费者忠诚意愿的影响机制研究。对此，本书提出以

---

① 参见 S. T. Fiske, A. J. C. Cuddy, Peter Glick, and Jun Xu, "A Model of (Often Mixed) Stereotype Content: Competence and Warmth Respectively Follow from Perceived Status and Competition," *Journal of Personality and Social Psychology*, vol. 82, no. 6 (2002), pp. 878-902。

② 参见 N. Kervyn, S. T. Fiske, and C. Malone, "Brands as Intentional Agents Framework: How Perceived Intentions and Ability Can Map Brand Perception," *Journal of Consumer Psychology the Official Journal of the Society for Consumer Psychology*, vol. 22, no. 2 (2012), pp. 166-176。

③ 参见吴波、李东进、杜立婷:《消费者品牌感知研究——对品牌意图能动框架的延伸》,《管理评论》2015 年第 2 期。

④ 参见 J. Aaker et. al., "Cultivating Administration in Brands: Warmth, Competence, and Landing in the Golden Quadrant," *Journal of Consumer Psychology*, vol. 22, no. 2 (2012), pp. 191-194; A. M. Bennett and R. P. Hill, "The Universality of Warmth and Competence: A Response to Brands as Intentional Agents," *Journal of Consumer Psychology*, vol. 22, no. 2 (2012), pp. 199-204。

⑤ 参见 A. M. Isen, "An Influence of Positive Affect on Decision Making in Complex Situations: Theoretical Issues with Practical Implications," *Journal of Consumer Psychology*, vol. 11, no. 2 (2001), pp. 75-85; P. A. Keller, I. M. Lipkus, and B. K. Rimer, "Affect, Framing, and Persuasion," *Journal of Marketing Research*, vol. 40, no. 1 (2003), pp. 54-64。

下四个研究问题。

消费者对参与善因营销活动的企业感知如何，具体有哪些维度？

善因营销活动的哪些特征会刺激消费者的善因营销感知？

消费者的善因营销感知对其忠诚意愿的影响机制是怎样的？

消费者的个性特征怎样影响消费者对品牌的依恋程度？

1.2 研究意义

1.2.1 理论意义

国外对善因营销的研究起步较早，并且取得了较为成熟的研究结论。但由于东西方文化存在差异，西方学者对于善因营销的研究成果并不能完全应用于解决国内现存问题，因此本书对于中国文化情境下关于善因营销对消费者感知及购买意愿的研究具有一定的理论意义。

第一，对中国文化情境下善因营销活动的特征进行剖析。通过对企业善因营销活动特征的研究，利用扎根理论开发符合中国文化特点的善因营销量表，从投入度、一致性、适时性、匹配度四个角度对企业善因营销活动特征进行解析，在现有文献的基础上完善了善因营销活动特征方面的研究。

第二，丰富了善因营销感知相关研究。本书将质化研究和实证研究相结合，建立并验证中国文化情境下消费者善因营销感知对其忠诚意愿的影响及两者间的关联，从企业能力、动机、道德三个维度出发测量消费者对企业善因营销的感知，深入剖析消费者善因营销感知到忠诚意愿的内在机理，扩充了善因营销感知的相关研究。

第三，为消费者品牌感知和忠诚意愿的研究提供新的思路。关于消费者品牌感知的研究已有较长历史，关于感知对购买行为的影响也已有相当多的研究，然而以企业开展的善因营销活动作为消费者品牌感知和忠诚意愿的来源的相关研究较为匮乏，且将心理学中的情感联结作为影响机制的研究也较少，需要进一步完善和验证。

1.2.2 实践意义

从指导企业或品牌开展善因营销活动、提升善因营销效果的角度，本书具有一定的实践意义。

第一，随着市场竞争的不断加剧，企业之间的竞争已经从产品或服务本身的价格、功能、质量等因素拓展到营销领域，善因营销成为企业或品牌提高自身价值和收益的新的营销方式。这种营销策略能够取得增加企业利益和社会公益的双重效果，达到双赢的目的，因此众多中国企业开始不断开展善因营销活动。但由于企业对善因营销这一新鲜事物不甚了解，在选择策略和营销手段时往往无从下手、无处用力，难以把握善因营销的影响因素和精髓。本书对善因营销活动特征的解析可以让企业深入了解善因营销活动的特征，以及善因营销活动特征对消费者能力感知、利他动机感知以及道德感知的影响。企业可以从这些方面着手对所要采取的善因营销活动进行合理规划和开展，提高善因营销活动的认可度和成功率。

第二，企业进行营销活动的终极目的是提高消费者的忠诚意愿，因此营销的首要任务是找到影响忠诚意愿的作用机理。善因营销活动与忠诚意愿之间的关系并不是必然的，有些活动可以给企业和社会带来双赢的效果，但有些会带来负面的响应，甚至引起消费者的抵制。不能理解营销活动影响消费者感知和忠诚意愿的作用机理，将很难把握消费者的心理，难以提高消费者的忠诚意愿。因此本书对消费者感知善因营销的机理进行分析，有助于企业或品牌从根本上理解善因营销活动对消费者忠诚意愿的影响过程，认识和理解善因营销的作用机理，进而有效选择合适的营销手段和策略，最终达到提高自身收益、解决社会问题的目的。

1.3 相关概念界定

本书涉及营销学、社会心理学、消费者行为学等学科，所以现对本书出现的关键概念进行界定。

1.3.1　善因营销

善因营销(cause-related marketing)最早可以追溯到 1981 年的美国,当时美国运通公司(American Express Company)为促进圣弗朗西斯科美术事业的发展,与非营利组织"艾丽斯岛基金会"(Statue of Liberty Ellis Island Foundation)合作,每位拥有运通卡的顾客凡刷卡消费一次或是新顾客每申请一张新卡,公司就将无偿捐给该组织 1 美分,用来支持该组织的日常运作。这一举措不但为艾丽斯岛基金会筹得了充足的发展资金,而且还为公司带来了良好的声誉和效益。之后于 1983 年,美国运通公司继续与该基金会合作,共同开展"自由女神像"翻新工作,这一举措为美国运通公司带来了利润与社会价值增长的双重利益。运通公司虽然向该基金会提供了 170 万美元的翻新费,但大大增加了运通卡的使用量,也提高了社会对公司的好感度。美国运通公司的这一"善举"被业界认为是善因营销的起源,美国专利局也将这一专业术语当作服务标记进行了注册。此后,大量企业开始争相模仿美国运通公司的营销举措,掀起了善因营销的热潮,从零售行业到新兴行业再到高科技产业,拥有一定知名度的企业都积极投身于教育、环保等慈善事业,这样的营销策略为社会筹得了公益资金,也为企业树立了有良知、有社会责任感的正面形象。

瓦拉达拉金和梅农在他们的论文《善因营销:营销战略和企业慈善的调整》中历史性地把善因营销从定义的层面上升到理论的高度,并得到了学界的支持。[①] 在他们看来,善因营销是一种兼顾企业经济价值与社会价值的营销方式,当消费者购买企业产品时,企业就向其支持的慈善事业捐赠一定的利润用来解决某种社会问题,这种以交易为基础(transaction-based)的善因营销方式是善因营销的主要表现形式。但随着善因营销活动的发展,它的表现形式出现了多样化,除了以交易为基础的活动,安德瑞森(A. R. Andreasen)又增加了联合解决问题促销型(joint-issue promotion)、品牌授权型(licensing)和捐赠型

---

① 参见 P. R. Varadarajan and A. Menon, "Cause-Related Marketing: A Coalignment of Marketing Strategy and Corporate Philanthropy," *Journal of Marketing*, vol. 52, no. 3 (1988), pp. 58-74。

(in-kind donation)等形式。[①] 这些营销分类方式都是以营利型企业为出发点，以经济利益的获得为主要依据，但善因营销的发起者既可以是营利型企业，也可以是非营利机构或社会企业。综合考虑社会企业以及非营利机构的社会性目的，以及营利企业的经济目的，有学者从善因营销带来的双重价值——经济价值与社会价值出发，把善因营销分为交易型、关系型、社会型以及公益型。[②]

1.3.2 品牌感知

品牌感知的概念由早期的重视产品的功能价值过渡到企业给消费者带来的心理价值。凯勒(K. L. Keller)在研究中提到早期提出品牌感知是用来解释消费者对产品属性以及产品功能的认知与情感。后来，学者们提出了品牌情感、品牌关系、品牌依恋等概念，更加关注品牌带给消费者的情感联结与心理价值。[③] 施密特(B. Schmitt)构建了品牌消费者心理模型，认为消费者与品牌之间存在心理契约。此模型将品牌作为与消费者联结的个体，将品牌与消费者之间的关系看成类似于人与人之间的关系。[④]

鉴于此，克尔文等将人际感知的模型——刻板印象内容模型应用到品牌感知中，创建了品牌意图能动框架。[⑤] 在此模型中，作者将刻板印象内容模型中描述人类特征的两个维度——温暖与能力转换成另外两种表达方式——意图和能力。所谓意图就是指企业希望通过此种营销手段实现的目的，能力指的是为达到某种意图企业所具有的刚性与柔性能力。程婕婷等以中国群体为研究对象来研究刻板印象，指出意图与能力两个维度适用于西方群体，在中国，道德的

① 参见 A. R. Andreasen, "Profits for Nonprofits: Find a Corporate Partern," *Harvard Business Review*, vol. 74, no. 6 (1996), pp. 47-50。

② 参见孙路平、王兴元:《基于价值创造的善因营销新分类及营销策略研究》,《山东大学学报》(哲学社会科学版)2017 年第 3 期。

③ 参见 K. L. Keller, "Understanding the Richness of Brand Relationships: Research Dialogue on Brands as Intentional Agents," *Journal of Consumer Psychology*, vol. 22, no. 2 (2012), pp. 186-190。

④ 参见 B. Schmitt, "The Consumer Psychology of Brands," *Journal of Consumer Psychology*, vol. 22, no. 1 (2012), pp. 7-17。

⑤ 参见 N. Kervyn, S. T. Fiske, and C. Malone, "Brands as Intentional Agents Framework: How Perceived Intentions and Ability Can Map Brand Perception," *Journal of Consumer Psychology the Official Journal of the Society for Consumer Psychology*, vol. 22, no. 2 (2012), pp. 166-176。

考量要高于意图与能力。[①] 同样,吴波等在西方的品牌意图能动框架的基础上构建了适合中国消费者特征的模型,他们在此模型中同样添加了道德维度。[②] 鉴于此,本书在研究中国消费者善因营销品牌感知时,从企业品牌意图能动框架的三个维度来展开,它们分别为能力感知、利他动机感知和道德感知。

1.3.3　消费者依恋

在本书中,企业是营销活动的主动一方,起着连接消费者与品牌的作用。消费者依恋是指消费者与企业之间产生了情感纽带,消费者通过企业提供的资源(能力、利他动机以及道德)来完成自我实现、自我满足以及自我丰富,加强了消费者与企业的关系。消费者依恋是个多维度概念,它既包括认知层面又包括情感层面。因此在预测消费者忠诚意愿的力度方面它明显大于消费者态度这一单维概念。只有当消费者依恋较强时,消费者才会愿意牺牲自我资源来维持或增强与企业的联系,达到"忠诚"。

1.3.4　消费者特征

消费者与企业之间是一种二元关系,消费者在建立与维护两者关系中发挥很大的作用。在企业活动中,部分消费者非常乐于与喜爱的企业互动,而另一些消费者则与企业保持一定的距离,即使他们对企业产品品质满意度较高。首先,从消费者依恋类型来看,虽然个体都有与他人建立联结的心理驱动,但是不同依恋类型的消费者在与他人互动时表现出的程度很不同。[③] 比如,依恋逃避型个体坚持自我,对他人表现出较强的不信任感,即使面对自己喜爱的品牌或是有很强的满意度,依恋逃避型个体对于企业也会保持一定的距离。其次,消费者依恋产生的机制就是"自我"的构念,品牌会被消费者视为自我延伸的一部分,所以自我提升作为在社会比较中进行自我调节的一个重要构念

---

① 参见程婕婷、张斌、汪新建:《道德:刻板印象内容的新维度》,《心理学探新》2015 年第 5 期。

② 参见吴波、李东进:《基于刻板印象内容模型的品牌感知研究评价》,《外国经济与管理》2013 年第 3 期。

③ 参见 S. S. Kleine and S. M. Baker, "An Integrative Review of Material Possession Attachment," *Academy of Marketing Science Review*, vol. 2004, no. 1 (2004), pp. 1-39。

不能被忽略。本书将研究消费者依恋逃避与自我提升怎样影响消费者依恋水平。

1.3.5 忠诚意愿

消费者忠诚意愿指的是消费者对未来的承诺，它既包括情感上的许诺也包括行为上的反应。从情感上来看，忠诚意愿是指消费者对品牌的长期喜爱；从行为上来说，是指顾客购买的连续性与口碑传播的意愿。

1.4 研究内容和研究框架

1.4.1 研究内容

根据研究的问题与内容，可以将本书分为六章，具体章节安排如下。

第 1 章，研究概述。本章阐述了国内外企业进行善因营销活动的实践背景和理论背景、善因营销的研究意义和研究目的，提出此研究的核心问题——善因营销活动特征、消费者感知、消费者情感依恋和消费者忠诚意愿之间的关系，并提出研究的初步设想。随后对本书中出现的主要概念进行了简单界定，最后阐述了本书的内容与框架、技术路线、研究方法以及预期的研究创新点。

第 2 章，相关理论文献综述。本章主要从善因营销的内涵和它对消费者响应的影响及其影响机制、刻板印象与品牌感知、消费者依恋内涵与形成机制以及依恋风格对消费者行为的影响等方面进行评述，意图总结已有的研究成果和研究脉络，并以此为基础找出目前研究的空缺、不足和亟待解决的问题，为接下来的研究论述打好基础。

第 3 章，理论框架与研究假设。本章首先运用扎根理论对善因营销活动特征做探索性分析，挖掘并验证消费者如何对参与善因营销活动企业的能力、利他动机以及道德进行感知，并探索中国消费者善因营销活动忠诚意愿的路径。其次，根据扎根理论的研究结果以及对相关理论的梳理，从消费者感知、消费者情感依恋、消费者依恋逃避、自我提升等因素综合作用的视角出发，建立本书的概念模型，即消费者善因营销感知对忠诚意愿的影响机理模型，并提出研究假设。

第 4 章，研究设计和数据收集。在充分研究已有的研究结果的基础上，根据访谈收集到的数据和总结，推敲该模型影响变量之间的关系，然后确定调查题项。再根据随后进行的小规模访谈结果对调查题项中不稳妥的选项进行修改，最终确定调查问卷终稿。之后，进行调查问卷发放、填写、收集和总结，其中主要采取街头随机发放和“滚雪球”的方式发放问卷，在这之前要确定好调研样本，最后根据问卷显示的结果验证假设和模型的准确度。

第 5 章，数据分析。根据统计学原理，利用 SPSS 23.0 和 AMOS 21.0 对问卷调查收集的数据集进行测量。首先对正式调研获取的相关数据进行样本与数据特征分析。其次对数据的质量进行评价和验证，进行信度、效度以及验证性因子分析，在对前文提出的模型假设进行检验之前进行了变量的相关性分析。最后，对模型假设的善因营销活动特征与消费者感知之间的关系、消费者依恋的中介效应和依恋逃避与自我提升的调节效应进行检验，报告验证结果。

第 6 章，结论与启示。根据本书的研究和调查，结合实证研究的数据，得出一定结论，并为企业开展善因营销活动提供一定的借鉴意义。其后，将研究结果放入实践中检测，并进行反思，指出该研究存在的问题以及未来可以继续拓展的方向。

1.4.2 研究框架

根据拟解决的问题以及本书的章节安排，本书的研究框架如图 1-1 所示。

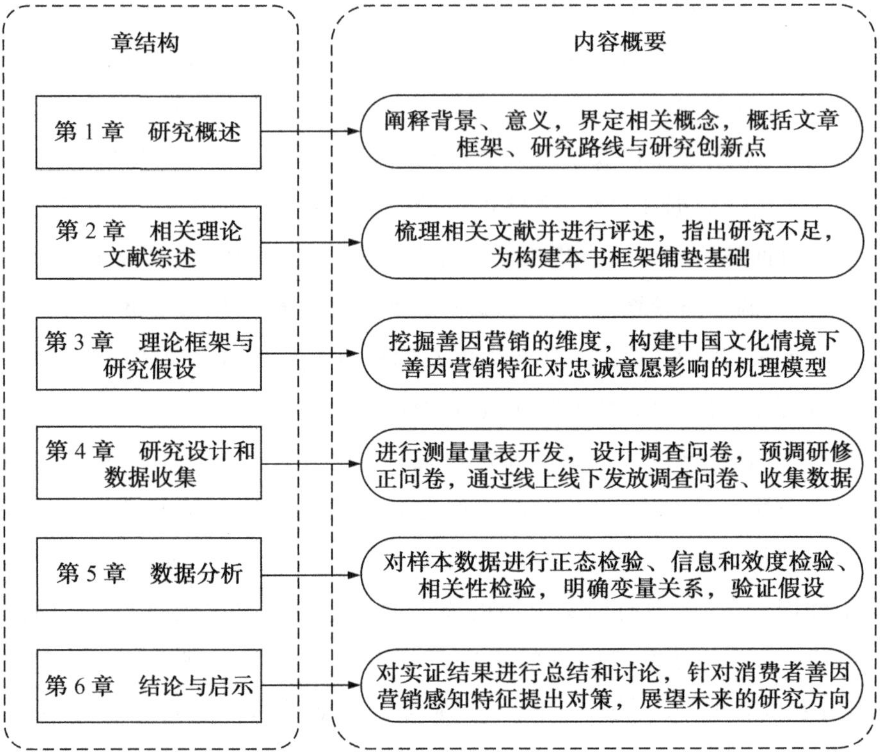

图 1-1　本书研究框架

1.5　技术路线和研究方法

1.5.1　技术路线

根据拟解决的问题，本书将按照以下技术路线展开（见图 1-2）。

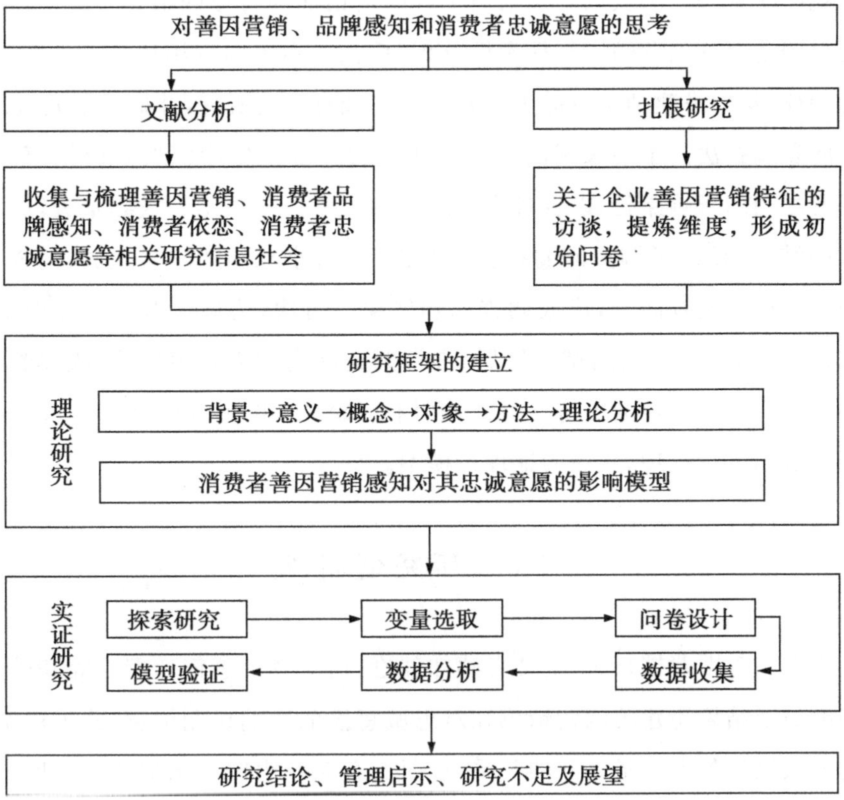

图 1-2　技术路线

1.5.2　研究方法

本书主要是研究消费者感知及忠诚意愿的影响机制，其中涉及一些相关理论概念的梳理与分析，为此本书搭建研究模型，设计调查问卷，发放问卷并根据收集到的数据验证模型的有效度，在实证基础上求证模型的科学性。所以，该研究具有一定的真实性、科学性与严谨性。在研究过程中，本书主要使用了以下三种研究方法。

文献研究法。通过查阅文献，对善因营销、消费者感知、忠诚意愿等相关理论进行概念总结并梳理其发展演变过程，在理解的基础上给出本书的理论见解，指出发展的空间，为本书研究打下理论基础。

扎根研究法。为获取中国情境下善因营销活动特征的第一手资料，本书运用扎根理论对善因营销进行探索性分析，旨在考察中国市场环境下善因营销活动的特征，从而搭建消费者品牌感知影响忠诚意愿的机理，并提出研究假设。

问卷调查法。本书采用问卷调查法检验善因营销中消费者感知模型与忠诚意愿之间的影响路径，以及各变量之间的关系。首先结合成熟量表以及深度访谈的结果，设计了调查问卷初稿。其次，进行小范围的问卷发放、调查，根据调查结果调整调查问卷，形成调查问卷终稿。再次，为确保调查问卷中变量的可靠性，对问卷进行预测试。然后，进行调查问卷的大规模发放，收集数据，为本书模型假设提供数据支持。最终，利用 SPSS 23.0 和 AMOS 21.0 软件对收集到的数据进行处理，从而验证理论模型。

1.6 研究创新点

本书在善因营销理论、消费者感知理论、消费者情感依恋理论等基础上，结合深度访谈结果构建善因营销感知对忠诚意愿的影响机制模型，并采用实证研究的方法论证各个变量之间的关系，从而为企业在中国市场情境下开展善因营销活动提供有益建议和启示。本书创新点主要包含以下三个方面。

第一，开发了中国市场环境下的善因营销活动特征量表。中西方文化存在较大差异，中西方消费者在对待企业的善因营销活动时表现出来的心理和行为也存在区别，因此对善因营销的感知会存在差异。国内外对于善因营销活动的特征没有形成一致认识和看法，关于善因营销活动特征的研究较为缺乏，因此本书在文献研究和扎根理论的基础上，构建适应中国文化情境的善因营销活动特征量表，并通过问卷调查和因子分析，形成有效的测量量表。

第二，扩充了消费者对善因营销活动感知的维度。现存的善因营销文献大多研究消费者的利他动机这一单一维度。本书结合文献梳理和扎根理论，借鉴消费者感知和品牌意图能动框架理论，从能力感知、利他动机感知和道德感知三个维度出发研究消费者对企业善因营销的感知，并通过实证研究验证了三个维度对消费者忠诚意愿的影响。

第三，拓展了消费者善因营销感知对忠诚意愿的影响机理研究。本书从心理学角度探讨了消费者依恋在消费者善因营销感知与忠诚意愿之间的中介作用，拓宽了感知评价到忠诚意愿的影响路径，并利用消费者个性特征——依恋逃避与自我提升作为调节变量研究其对消费者依恋的影响，进一步拓展了善因营销的相关研究。

1.7　本章小结

作为本书的开篇，本章从整体角度对本书的研究内容进行梳理和说明，论述的主要内容包括：第一，从实践和理论两个角度对本书的研究背景进行阐述，论述了企业善因营销活动的发展历程和研究状况；第二，根据论述的研究背景，对本书的意义进行讨论和说明；第三，对本书的研究逻辑和内容进行详细论述；第四，阐述本书的技术路线和研究方法；第五，对本书的创新点进行系统论述和说明。

第 2 章　相关理论文献综述

2.1　善因营销相关研究

2.1.1　善因营销内涵

善因营销(cause-related marketing)在国内有慈善营销、公益性营销和事业关联营销等几个不同的译名。它最早可以追溯到 1981 年的美国,当时美国运通公司为促进圣弗朗西斯科美术事业的发展,与非营利组织“艾丽斯岛基金会”合作。每位拥有运通卡的顾客凡刷卡消费一次或是新顾客每申请一张新卡,公司就将无偿捐给该组织 1 美分,用来支持该组织的日常运作。这一举措不但为艾丽斯岛基金会筹得了充足的发展资金,而且还为公司带来了良好的声誉和效益。之后于 1983 年,美国运通公司继续与该基金会合作,共同开展“自由女神像”翻新工作,这一活动不仅增加了美国运通公司的曝光率,提升了运通卡的使用量,而且还使其在消费者中形成了良好的口碑,增加了美国运通公司的潜在用户和长久用户。美国运通公司的这一次“善举”被业界称为善因营销的起源。此后,大量企业开始争相模仿美国运通公司的营销举措,掀起了善因营销的热潮,比如农夫山泉的一分钱公益广告和时尚芭莎的芭莎慈善夜等,这样的营销策略为社会筹得了公益资金,也为企业树立了有良知、有社会责任感的正面企业形象。

瓦拉达拉金和梅农在《善因营销:营销战略和企业慈善的调整》中第一次明确给予善因营销定义并将其提高到理论的高度,他们指出善因营销是一种可以带来经济效益与社会价值的营销活动,当消费者购买企业产品时,企业会将收益的一部分捐赠给其支持的慈善事业来解决某种社会问题。① 这一定义在很长一段时间内得到了众多学者的认同。这种销售决定型善因营销的活动形式长期以来是善因营销活动的主要表现形式,但他们没有提及营销中广告、直销、公共关系、促销等其他形式。很多学者呼吁要延伸善因营销的外延,给出更加广泛详尽的描述与分类。②

随后,有学者在善因营销的操作形式上给予了扩充,除了上文提出的销售决定型外,还包括品牌授权型(licensing)、联合解决问题促销型(joint issue)以及捐赠型(in-kind donation)等形式。这种分类方式可以让企业了解实施善因营销的多种方式,但未从善因营销的本质以及企业动机来研究,这些却是企业决定是否采用此营销模式的战略考量。为了解决这个问题,有学者从善因营销给企业带来的价值进行讨论。刘戈丹从善因营销给企业带来的经济与关系价值着手来研究善因营销。③ 但孙路平和王兴元认为,无论是经济价值还是关系价值都是从企业的利益出发,没有体现善因营销的社会价值。现有的营销分类方式都是以营利型企业为出发点,以经济利益的获得为主要依据,但善因营销的发起者既可以是营利型企业,也可以是非营利机构或社会企业。综合考虑社会企业和非营利机构的社会性目的,以及营利企业的经济目的,有学者从善因营销带来的双重价值——经济价值和社会价值出发,把善因营销分为交易型、关系型、社会型以及公益型。④ 此种分类方式可以帮助企业从自身情况出发,

---

① 参见 P. R. Varadarajan and A. Menon, "Cause-Related Marketing: A Coalignment of Marketing Strategy and Corporate Philanthropy," *Journal of Marketing*, vol. 52, no. 3 (1988), pp. 58-74。

② 参见 Shruti Gupta and Pirsch A. Julie, "Taxonomy of Cause-Related Marketing Research: Current Findings and Future Research Directions," *Journal of Nonprofit & Public Sector Marketing*, vol. 15, no. 1-2 (2006), pp. 25-43。

③ 参见 G. Liu, "Impacts of Instrumental Versus Relational Centered Logic on Cause-Related Marketing Decision Making," *Journal of Business Ethics*, vol. 113, no. 2 (2013), pp. 243-263。

④ 孙路平、王兴元:《基于价值创造的善因营销新分类及营销策略研究》,《山东大学学报》(哲学社会科学版)2017 年第 3 期。

在战略角度上决定自己开展哪种类型的营销活动。虽然对于善因营销的定义大家看法不一,但还是可以找出其中的共性,并得出善因营销具有以下特点。

第一,它并非慈善事业,而是一种营销方式。它的根本目的是提高产品销售额、改善品牌形象,而非完全的利他。善因营销有别于慈善事业,又与普通营销方式不同,它是把商业目标和社会目标结合在一起的新式营销模式。

第二,它不仅仅是企业或慈善机构独有的一种营销工具。善因营销可以由任意一方发起,达到互惠互利的目的。善因营销活动的发起者可以是营利性企业、非营利机构或社会企业。

第三,企业在善因营销活动中的投资可以是资金投入、时间投入或其他资源投入,也可以是集中资源的整合。

第四,善因营销的形式可以是多样化的。只要企业参与慈善活动的根本目的是推销企业的产品或是提升企业的形象,它就是善因营销。

2.1.2 善因营销对消费者响应的影响研究

消费者对善因营销的响应影响着善因营销活动的成败,所以这一课题也逐渐得到越来越多学者的关注与研究。多数研究集中在消费者对善因营销的态度上,讨论消费者对善因营销活动以及开展善因营销活动企业的喜爱程度和行为倾向。目前,学者们较为认可的品牌态度模型是认知、情感与行为的三要素模型。在这个模型中,认知是指消费者对参与善因营销的企业的动机感知以及认可度;情感是指消费者在这一活动后形成的对企业及其产品的喜爱程度;行为主要是消费者对企业活动或产品的购买意愿或口碑传播等行为表现。部分学者从态度的三个维度来研究消费者对善因营销活动的响应。[①] 我国学者黄化峰等从消费者态度的三个维度构建了企业善因营销影响消费者态度的理论模型,具体见图 2-1。此模型从消费者要素和主体要素两方间的关系出发解读善

---

① 参见 G. I. Mercedes, G. C. Clementima, V. A. Victor, and B. M. Jesus, "Does the Product Type Influence on Attitudes toward Cause-Related Marketing," *Economics and Sociology*, vol. 6, no. 1 (2013), pp. 60-73;黄化峰、黄光跃、张新国:《论企业善因营销对消费者态度的影响》,《中南财经政法大学学报》2010 年第 1 期。

因营销影响消费者态度的因素。他们的研究表明，从消费者角度来看，他们对公益事业的态度以及对品牌的介入度对其态度影响最大；而从主体要素的两方面来看，企业与公益事业或非营利机构的匹配度对消费者的态度影响最大。

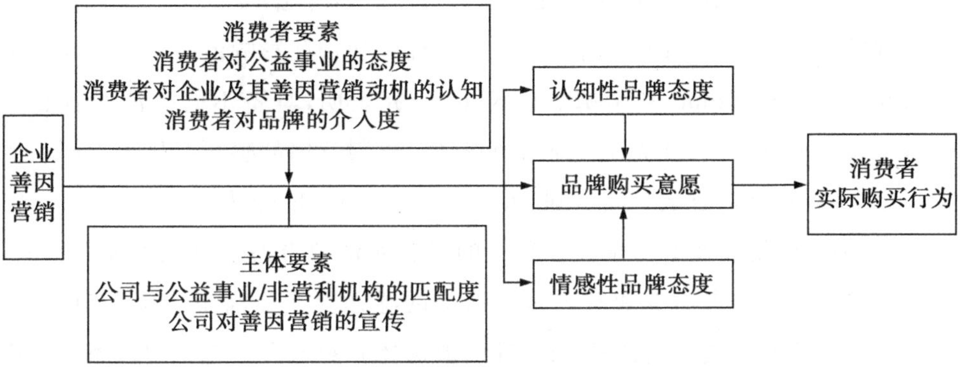

图 2-1　善因营销影响消费者态度的理论模型

资料来源：黄化峰、黄光跃、张新国：《论企业善因营销对消费者态度的影响》，《中南财经政法大学学报》2010 年第 1 期。

大多数研究选取了消费者态度的部分指标进行实证研究，得出了不同的结论。有些学者认为善因营销极大影响了消费者对企业的情感态度，并研究消费者对开展善因营销活动企业的喜爱程度；而有一些则更关注行为倾向，观察消费者对开展善因营销活动产品的购买意愿。

1.善因营销对消费者认知态度的影响

很多研究表明，消费者对善因营销的利己以及利他的双赢目标是有社会认知的。[①] 巴恩斯(N. G. Barnes)的大多数受访者认为这种通过消费者购买产品

① 参见 L. A. Mohr, D. J. Webb, and K. E. Harris, "Do Consumers Expect Companies to Be Socially Responsible? — The Impact of Corporate Social Responsibility on Buying Behavior," *The Journal of Consumer Affairs*, vol. 35, no. 1 (2001), pp. 45-72; J. J. Mohr and N. H. Shooshtari, "Introduction to the Special Issue: Marketing of High-Technology Products and Innovations," *Journal of Marketing Theory and Practice*, vol. 11, no. 3 (2015), pp. 1-12; N. G. Barnes, "Determinants of Consumer Participation in Cause-Related Marketing Campaigns," *Latin American Business Review*, vol. 10, no. 2 (1992), pp. 21-24。

间接帮助慈善组织的行为是非常好的营销模式。[①] 在采访中，消费者表示虽然企业在实施善因营销过程中很大部分是出于利己的功利性目的，但是与传统的完全利己的营销策略相比，部分利他动机也是值得称赞的。多数消费者对参与善因营销的企业表现出了忠诚意愿，他们表示不仅仅会进行一次性购买，更是愿意为开展善因营销活动的企业支付溢价、进行口碑传播等。[②]

有研究表明，消费者心理特征以及人口统计学特征影响消费者对善因营销的认知。[③] 尹(S. Youn)和金姆(H. Kim)研究表明，具备不同的消费者心态(psychographics)与人口统计特征的消费者对善因营销的感知有显著不同。他们指出个体的自信、公众个人认知、人与人之间的信任、个人与社会的责任、宗教信仰、关系网络以及参与亲社会行为的经验对消费者态度有正相关的影响。年轻人和女性消费者对企业善因营销活动的感知要明显高于老年人和男性。年轻人和女性更为敏感，能较为快速准确地选择并参与自己喜欢的善因营销活动。弗勒(C. L. Ferle)等从跨文化角度来研究不同国家(美国与印度)的消费者对善因营销利他动机的感知，研究发现：与美国消费者相比，印度消费者更加接受与认可善因营销活动，因为一方面善因营销活动在印度开展的时间比较短，对印度消费者来说具有一定的新颖度，另一方面善因营销利他性的特点也吸引着他们，因而他们更容易对善因营销活动产生正面响应，购买相关产品和服务。由此弗勒等得出结论：新颖程度会影响消费者对善因营销活动利他性的判断。这个结论与布福德(M. L. Buford)等的研究结果不谋而合[④]，他们研究发现，高

① 参见 N. G. Barnes, "Determinants of Consumer Participation in Cause-Related Marketing Campaigns," *Latin American Business Review*, vol. 10, no. 2 (1992), pp. 21-24。

② 参见 D. J. Webb and L. A. Mohr, "A Typology of Consumer Responses to Cause-Related Marketing: From Skeptics to Socially Concerned," *Journal of Public Policy & Marketing*, vol. 17, no. 2 (1998), pp. 226-238。

③ 参见 See S. Youn and H. Kim, "Antecedents of Consumer Attitudes toward Cause-Related Marketing," *Journal of Advertising Research*, vol. 48, no. 1 (2008), pp. 123-137; C. L. Ferle, G. Kuber, and S. M. Edwards, "Factors Impacting Responses to Cause-Related Marketing in India and the United States: Novelty, Altruistic Motives, and Company Origin," *Journal of Business Research*, vol. 66, no. 3 (2013), pp. 364-373。

④ 参见 M. L. Buford, G. F. Daniels, P. D. Bolls, G. Leshner, and M. Morrison, "Cause Exhaustion in Cause-Related Marketing: Are Causes Losing Their Emotional Potency," *American Academy of Advertising Conference Proceedings*, (2012), pp. 9-21。

频率使用善因营销活动会降低消费者对品牌的好感度以及购买意愿，但是这一作用会被传输信息的新颖度中和。具体来说，如果广告传播的信息是新颖的，那么高频率使用善因营销活动也不会影响消费者对品牌的正向响应。以上研究可以加深学者们对消费者与企业二元关系中消费者特征的重要性的认识，对消费者人口统计特征的描述以及心理特征的分析不仅为企业提供了操作建议，也为后续研究打下理论基础。

2.善因营销对情感与行为意愿的影响

大部分学者的情感态度研究，通常是与行为意愿研究同时进行的。[①] 多数研究表明，善因营销往往会让消费者对企业有积极反馈，而这种积极情感会相应地转化为购买行为。钱尼（I. Chaney）和多利（N. Dolli）实证研究中的顾客（新西兰人）表示他们喜爱参与善因营销活动的企业，并表示这不会替代他们传统意义上的慈善捐助。[②] 当然，具有特定价值观的顾客会对参与善因营销活动的企业持有更加强烈的情感，比如强调温暖关系、自我实现以及安全感的顾客会对参与亲社会活动的企业表现出更加强烈的喜爱。[③]

学者们大多从消费者的购买倾向、支付溢价、品牌转换、口碑传播等维度来研究消费者的行为意愿。[④] 于坤章等从行为倾向的三个维度进行实证研究，分析消费者是否乐意溢价购买积极承担社会责任企业的产品，并考察消费者的信任度对其行为的影响。结果表明，消费者对于企业善因营销的态度及评价在消费者的信任度与行为意向中起到中介的作用。顾客会对自己信赖的企业做出正面的评价，进而带来消费者的购买意愿、溢价购买以及口碑传播。侯俊东、杜兰英和李剑峰用实证数据证明了企业公益项目的属性与消费者购买意愿之间

---

① 参见 I. Chaney and N. Dolli, "Cause-Related Marketing in New Zealand," *International Journal of Nonprofit and Voluntary Sector Marketing*, vol. 6, no. 2 (2001), pp. 156-163。

② 参见 I. Chaney and N. Dolli, "Cause-Related Marketing in New Zealand," *International Journal of Nonprofit and Voluntary Sector Marketing*, vol. 6, no. 2 (2001), pp. 156-163。

③ 参见 F. Kropp, S. J. S. Holden, and A. M. Lavack, "Cause-Related Marketing and Values in Australia," *International Journal of Nonprofit and Voluntary Sector Marketing*, vol. 4, no. 1 (1999), pp. 69-80。

④ 参见于坤章、俞赟芳、陈琳：《善因营销成效的影响因素探析》，《湖南大学学报》（社会科学版）2009 年第 2 期；J. E. Kim and K. K. P. Johnson, "The Impact of Moral Emotions on Cause-Related Marketing Campaigns: A Cross-Cultural Examination," *Journal of Business Ethics*, vol. 112, no. 1 (2013), pp. 79-90。

的关系。[①] 实证研究表明，消费者在企业善因营销中的参与度、公益项目的重要程度、企业与公益事项的相关度、产品与公益活动的接近度都对消费者的购买意愿产生重要影响。周延风等指出，品牌联盟的契合度只有在企业知名度低的时候才会对消费者的购买意愿有影响。[②]

消费者作为善因营销中不可缺少的一个环节，消费者人口统计学特征，如性别、年龄、受教育程度和家庭收入等因素，以及消费者参与亲社会行为的经历都会对善因营销行为产生影响。崔更等认为，女性消费者比男性消费者更柔软，情绪波动更大，更容易参与善因营销[③]，而尹和金姆则认为性别的差异并不会对善因营销结果产生重大影响[④]。有些学者认为结婚生子的成年人比没有孩子的成年人更容易被善因营销吸引；上了年纪的人更易发善心，从而参与善因营销，帮助他人；那些接受过良好教育的消费者也容易在同情心理的作用下，参与善因营销活动；而那些家庭收入颇高的家庭也容易参与善因营销活动。金姆等指出消费者若曾经通过向非营利组织捐款来帮助他人或是参与过志愿者活动，其往往更热衷于购买企业的善因营销产品。[⑤] 除此之外，朱翊敏、李蔚和刘容通过研究表明如果消费者对慈善事业的卷入度较高并且对其怀有积极态度，那么消费者参与善因营销的概率也会更大。[⑥]

购买意愿还受到文化以及文化附带情感的影响。金姆和约翰逊(K. K. P. Johnson)进行了跨文化比较，指出在不同自我建构的国家，不同情感对参与意

---

① 参见侯俊东、杜兰英、李剑峰：《公益事项属性与中国消费者购买意愿关系实证研究》，《管理科学》2008 年第 5 期。

② 参见周延风、罗文恩、肖文建：《企业社会责任行为与消费者响应、消费者个人特征和价格信号的调节》，《中国工业经济》2007 年第 3 期。

③ 参见 Cui Geng and P. Choudhury, "Consumer Interests and the Ethical Implications of Marketing: A Contingency Framework," *Journal of Consumer Affairs*, vol. 37, no. 2 (2003), pp. 364-387。

④ 参见 S. Youn and H. Kim, "Antecedents of Consumer Attitudes toward Cause-Related Marketing," *Journal of Advertising Research*, vol. 48, no. 1 (2008), pp. 123-137。

⑤ 参见 H. J. Kim and W. H. Han, "The Effects of Cause-Related Marketing on Company and Brand Attitudes," *Seoul Journal of Business*, vol. 11, no. 2 (2005), pp. 83-117。

⑥ 参见朱翊敏、李蔚、刘容：《慈善营销中契合度、熟悉度和产品性质对消费者响应的影响》，《南开管理评论》2012 年第 3 期。

愿的影响是不同的。[①] 在高相互依存(high-interdependent)的国家,比如韩国、中国,他人为中心的情感(another-focused moral emotion),像内疚等对购买意愿的影响比在低相互依存(low-interdependent)的国家要强;在低相互依存的国家,自我为中心的情感,比如自豪感(ego-focused moral emotion)对购买意愿的影响比在高相互依存的国家要高。

以上研究表明,消费者对善因营销活动的特征、评价与满意度、情感等因素都将影响消费者的忠诚意愿。对善因营销活动特征的详细描述可以让企业直观深入地了解善因营销活动的特点,但若不能把握忠诚意愿的影响机理,也难取得理想的结果。知行不合一的现象也让学者开始质疑评价与满意度等因素对行为的预测作用。虽然情感对行为的预测得到了很多学者的实证证实[②],但把善因营销活动特征、评价与情感结合起来的统一性研究比较匮乏。

2.1.3　影响消费者响应的善因营销活动特征分析

成功的善因营销才会带来多赢的结果,才能确保消费者积极的态度,因而国内外学者已从多个方面研究能给善因营销带来正面效果的因素。

1.企业的声誉

企业声誉对善因营销活动效果的影响研究出现了不同结果。[③] 有研究表明,善因营销的效果在很大程度上受企业声誉的影响。[④] 如果企业原本的社会知名度高、道德形象积极,那么善因营销成功的概率较小,因为这将在消费者心中形成一个落差,认为企业原本塑造的甘于奉献、勇于承担责任的形象是出于

---

① 参见 J. E. Kim and K. K. P. Johnson, "The Impact of Moral Emotions on Cause-Related Marketing Campaigns: A Cross-Cultural Examination," *Journal of Business Ethics*, vol. 112, no. 1 (2013), pp. 79-90。

② 参见 A. M. Isen "An Influence of Positive Affect on Decision Making in Complex Situations: Theoretical Issues with Practical Implications," *Journal of Consumer Psychology*, vol. 11, no. 2 (2001), pp. 75-85。

③ 参见 M. Strahilevitz, "The Effects of Prior Impressions of a Firm's Ethics on the Success of a Cause-Related Marketing Campaign: Do the Good Look Better While the Bad Look Worse," *Journal of Nonprofit & Public Sector Marketing*, vol. 11, no. 1 (2003), pp. 77-92;于坤章、俞赟芳、陈琳:《善因营销成效的影响因素探析》,《湖南大学学报》(社会科学版)2009 年第 2 期。

④ 参见 M. Strahilevitz, "The Effects of Prior Impressions of a Firm's Ethics on the Success of a Cause-Related Marketing Campaign: Do the Good Look Better While the Bad Look Worse," *Journal of Nonprofit & Public Sector Marketing*, vol. 11, no. 1 (2003), pp. 77-92。

追求产品销量等一些利己动机；反而那些形象一般的企业实施善因营销将得到消费者更多的关注，从而提升企业在消费者心中的形象。但于坤章等的研究得到截然不同的结论，他们从企业善因营销动机和原有品牌形象入手，来研究企业声誉对消费者购买意愿的影响。他们发现，当消费者对企业原有声誉评价较高时，消费者购买企业产品的概率也会增加，并且在企业积极参与和慈善机构共同开展的善因营销活动中不断加强对企业的认可，这将促进善因营销取得成功。消费者会将企业良好的声誉作为归因线索来判断企业的利他动机，认为企业的善因营销活动是利他的，是为了解决社会问题，因此其购买企业产品的意愿就更强烈。当消费者认为开展善因营销企业的形象是负面的，消费者倾向于感知企业的利己动机，认为企业打着慈善的幌子来提高利润时，消费者将对企业产生怀疑和负面态度，即使产品相对于同质产品更优惠，其购买意愿也会大打折扣。

从学者们得出相左的研究结果可以看出，企业声誉与消费者响应之间的关系并不是必然的，它并不是判断企业归因的前置变量。若企业的声誉很好，但在捐赠过程中出现捐赠的金额与企业能力不匹配的情况，消费者可能会将此种行为归为利己动机并产生负面认识。[①] 牟宇鹏等的研究表明，当企业的能力与其捐出的金额不一致时，消费者会将企业的行为归于“伪善”，其行为将起到适得其反的作用。因此，消费者感知企业动机的来源不是企业的声誉，而是善因营销活动特征，比如企业的投入度以及能力与捐出金额的一致性等。

2.企业与慈善机构的匹配度

匹配度是指企业经营的核心业务与慈善机构合作的公益事业在形象与功能上是否一致。多数研究表明，企业与慈善机构合作的慈善项目与公司主体业务关联度越大，善因营销越容易成功。[②] 鲁斯（Ruth）指出企业与慈善机构匹配度越高，企业也就越可以借助现有的技术、知识和市场等资源帮助展开慈善项目，使慈善活动圆满成功，这在无形中促进了企业营销的成功。特林布（Carrie

① 参见牟宇鹏、汪涛、王波：《企业慈善战略为何适得其反——消费者感知企业伪善研究》，《珞珈管理评论》2012年第2期。

② 参见 J. A. Ruth and B. L. Simonin, “Brought to You by Brand A and Brand B: Investigating Multiple Sponsors' Influence on Consumers' Attitudes Toward Sponsored Events,” *Journal of Advertising*, vol. 32, no. 3 (2003), pp. 19-30。

S. Trimble)和瑞芬(Nore J. Rifon)认为善因营销的匹配度越高,越能显示出企业与慈善机构合作的诚意,也就更容易在消费者群体中激起水花,其购买态度就将越积极。[①] 企业开展的善因营销与自身相关度越高,越能强化企业在消费者心中的定位,营造良好的企业形象,形成正能量的消费者感知,这样的感知会转化为消费者的购买行为。[②]

与此同时,许多学者也通过实证研究指出,匹配度对消费者的影响并不是如此单一和明确的。例如,匹配度以及不同类型的匹配度对消费者的影响都是较为多元的。功能型匹配(产品的功能与慈善活动相关)有利于形成消费者对企业责任感的认可,而形象型匹配(公司形象与慈善事业相关)易使消费者对企业的善因营销动机产生怀疑,影响消费者的购买意愿。[③]

因此,善因营销中的企业与慈善机构的匹配度对消费者消费态度的影响还存在争议,若想厘清二者的关系,还需进一步的实证研究。

3.善因营销承诺

善因营销承诺主要是指企业在善因营销活动中预备投入的时间、金钱等资源。实践表明,企业在善因营销活动中投入的时间精力越长,越容易获得消费者的青睐,消费者也越容易参与活动。[④] 企业善因营销中的承诺也就成了消费者考察企业动机的手段与线索,企业长久性地与慈善机构合作开展善因营销活动将给消费者带来利他动机感知。[⑤]

---

① 参见 Carrie S. Trimble and Nore J. Rifon, "Consumer Perceptions of Compatibility in Cause-Related Marketing Messages," *International Journal of Nonprofit and Voluntary Sector Marketing*, vol. 11, no. 1 (2006), pp. 29-47。

② 参见 J. W. Pracejus and G. D. Olsen, "The Role of Brand-Cause Fit in the Effectiveness of Cause-Related Marketing Campaigns," *Journal of Business Research*, vol. 57, no. 6 (2004), pp. 635-640。

③ 参见 Enrique Bigné-Alcañiz, Rafael Currás-Pérez, Carla Ruiz-Mafé, et al., "Cause-Related Marketing Influence on Consumer Responses: The Moderating Effect of Cause-Brand Fit," *Journal of Marketing Communications*, vol. 18, no. 4 (2011), pp. 265-283。

④ 参见 M. E. Drumwright, "Company Advertising with a Social Dimension: The Role of Noneconomic Criteria," *Journal of Marketing*, vol. 60, no. 4, pp. 71-87; D. J. Webb and L. A. Mohr, "A Typology of Consumer Responses to Cause-Related Marketing: From Skeptics to Socially Concerned," *Journal of Public Policy & Marketing*, vol. 17, no. 2 (1998), pp. 226-238。

⑤ 参见 D. J. Webb and L. A. Mohr, "A Typology of Consumer Responses to Cause-Related Marketing: From Skeptics to Socially Concerned," *Journal of Public Policy & Marketing*, vol. 17, no. 2 (1998), pp. 226-238。

除此之外，企业在善因营销中捐款的力度与强度以及捐助的金额都与消费者响应有很大的关系。莫尔（L. A. Mohr）等的研究表明，消费者会将过小的捐赠金额认定为对慈善事业以及慈善组织的剥削。① 穆勒（S. S. Muller）等研究善因营销活动中捐赠额度与品牌选择和品牌形象的关系时发现，捐赠额度与品牌形象之间的关系受到消费者经济权衡问题的调节。若消费者不面临经济上的权衡问题，捐赠额度与品牌选择之间具有正相关的关系。如果消费者不面临购物捐赠与存款之间的冲突与权衡，捐赠的金额越多，消费者越倾向于购买此产品。但若消费者面临购物捐赠与存款之间的权衡，那么捐赠额度与品牌选择之间的关系是负向的。另外，捐赠额度与品牌形象之间的关系受到表述方式的影响。如果捐赠的表述是非金钱类的（比如提供疫苗），那么捐赠的额度与品牌形象具有正相关关系。但如果捐赠的表述是金钱类的，那么捐赠的额度与品牌形象呈负相关的关系。但是若金钱类与非金钱类的表述方式同时存在，那么它们对品牌形象的影响曲线呈“倒 U”形。②

企业在实施善因营销时要特别注意企业的捐赠方式。比如说，若企业对消费者承诺每售出一件产品，将捐出一分钱作为善款，那么消费者很可能会因不了解企业最终的捐款数额而大大降低对产品的购买力度，甚至对企业产生质疑，将企业的慈善活动看作一场虚假公益；相反，企业若是提早确定一个固定比重的捐款数额，那么企业捐款的比重与消费者的态度呈正相关的关系。从以上文献可以看出，企业善因营销活动的捐赠数额以及善款去向越透明，消费者的利他动机感知以及参与意愿越强烈。③

---

① 参见 L. A. Mohr, D. J. Webb, and K. E. Harris, “Do Consumers Expect Companies to Be Socially Responsible?: The Impact of Corporate Social Responsibility on Buying Behavior,” *The Journal of Consumer Affairs*, vol. 35, no. 1 (2001), pp. 45-72。

② 参见 S. S. Muller, A. J. F. Karen, and K. Gedenk, “How Much to Give?:The Effect of Donation Size on Tactical and Strategic Success in Cause-Related Marketing,” *International Journal of Research in Marketing*, vol. 31, no. 2 (2014), pp. 178-191。

③ 参见 J. A. Folse, R. W. Niedrich, and S. L. Grau, “Cause-Relating Marketing: The Effects of Purchase Quantity and Firm Donation Amount on Consumer Inferences and Participation Intentions,” *Journal of Retailing*, vol. 86, no. 4 (2010), pp. 295-309。

4.善因营销选取的慈善事业

一个营销活动要想取得成功，其具体方案的设计、推广与实施都发挥了重要作用。企业与非营利组织合作的慈善项目类型将在很大程度上影响消费者的参与度。[①] 与长久性的慈善项目(on-going cause)相比，消费者更希望参与距离目前时间不久的灾难救助，因为目前的救灾救难更能激起消费者的同情心，并使其参与其中，这也是一种不断被实现的过程，比如说灾后重建，这些都是消费者可以看到并积极响应的。另外，相对于全国性的慈善项目，地方性或是家乡的慈善活动似乎更能得到消费者的呼应。[②]

拉弗蒂(B. A. Lafferty)等将慈善事业分为健康、人道主义、动物以及环境四类，他们的研究表明：虽然消费者认为健康和人道主义相关的慈善事业更加重要，但慈善类型和品牌态度与购买意愿的关联不大。[③] 罗宾逊(S. R. Robinson)等的研究则表明，每个消费者支持的慈善事业是不同的，当消费者可以自由选择自己可以支持的慈善事业时，其参与意愿将有明显的增强。[④]

从以上研究可以看出，企业选择参与善因营销活动的时机非常关键。在灾难性事件发生时，企业需要积极主动应对。研究表明，相对于反应型社会责任行为，主动型社会责任行为更能带来消费者的正面响应。[⑤] 反应型社会责任行为是指企业在应对消费者抵制、迫于外界压力或出现品牌危机等情况下，被动实施的公益行为。当企业的善因行为是出于内心的善意，而非外界的压力而实施的，其会被消费者认为是主动型社会责任行为。

---

① 参见 J. Mohr, "The Marketing of High-Technology Products and Services: Implications for Curriculum Content and Design," *Journal of Marketing Education*, vol. 22, no. 3 (2000), pp. 246-259; Cui G. and P. Choudhury, "Consumer Interests and the Ethical Implications of Marketing: A Contingency Framework," *Journal of Consumer Affairs*, vol. 37, no. 2 (2003), pp. 364-387。

② 参见 J. Vanhamme, A. Lindgreen, J. Reast, and N. V. Popering, "To Do Well by Doing Good: Improving Corporate Image through Cause-Related Marketing," *Journal of Business Ethics*, vol.109, no. 3 (2012), pp. 259-274。

③ 参见 B. A. Lafferty, R. E. Goldsmith, and G. T. M.Hult, "The Impact of the Alliance on the Partners: A Look at Cause-Brand Alliance," *Psychology and Marketing*, vol. 21, no. 7 (2004), pp. 509-531。

④ 参见 S. R. Robinson, C. Irmak, and S. Jayachandran, "Choice of Cause in Cause-Related Marketing," *Journal of Marketing*, vol. 76, no. 4 (2013), pp. 126-139。

⑤ 参见 P. S. Ellen, L. A. Mohr, and D. J. Webb, "Charitable Programs and the Retailer: Do They Mix," *Journal of Retailing*, vol. 76, no. 3 (2000), pp. 393-406。

5.产品角度

许多学者意识到产品类型对善因营销的结果会产生重要影响。有学者根据消费者的需求把产品分为实用型和享乐型。① 实用型产品是指消费者购买的日常生活必需品,例如粮食和抽纸等,在购买他们时,产品的价格和质量往往是消费者选择的关键因素,不会受到情感波动的太多影响。享乐型产品是指消费者为追求某种乐趣或满足自己的虚荣心购买的一些奢侈品,在购买这些产品时,消费者容易产生一定的负罪感。享乐型消费品的善因营销往往比实用型消费品的善因营销更能激起消费者的购买意愿,这主要是因为消费者通过善因营销活动既可以购买自己喜欢的享乐型产品,又可以通过对他人的帮助来减轻自己购买该产品带来的罪恶感。②

有学者通过研究表明,优质产品往往更能使善因营销取得良好的效果,消费者也会因此增加对企业的好感,并有可能将其转化为购买行为。③ 在产品价格相差不大的情况下,企业若是实施善因营销会增强自己的竞争优势,从而加大产品被消费者选中的概率;若产品价格相差较大,善因营销则不会起到特别大的作用,只有动机具有很大优势的企业,其实施善因营销才会在一定程度上带动消费者的购买欲望。④

2.1.4 善因营销对消费者响应的影响机理

虽然学者们讨论善因营销影响因素的侧重点不同,但其内在机理却是相似的:通过归因理论(attribution theory)来推断企业参与此营销活动的动机。消

① 参见 O. T. Ahtola, "Hedonic and Utilitarian Aspects of Consumer Behavior: An Attitudinal Perspective," *Advances in Consumer Research*, vol. 12, no. 3 (1985), pp. 7-10; E. C. Hirschman, "Consumer Payment Systems: The Relationship of Attribute Structure to Preference and Usage," *Journal of Business*, vol. 55, no. 4 (1982), pp. 531-545。

② 参见 M. Strahilevitz, "The Effects of Prior Impressions of a Firm's Ethics on the Success of a Cause-Related Marketing Campaign: Do the Good Look Better While the Bad Look Worse," *Journal of Nonprofit & Public Sector Marketing*, vol. 11, no. 1 (2003), pp. 77-92。

③ 参见 V. S. Folkes and M. A. Kamins, "Effects of Information about Firms' Ethical and Unethical Actions on Consumers' Attitudes," *Journal of Consumer Psychology*, vol. 8, no. 3 (1999), pp. 243-259。

④ 参见 M. J. Barone, A. D. Miyazaki, and K. A.Taylor, "The Influence of Cause-Related Marketing on Consumer Choice: Does One Good Turn Deserve Another," *Journal of the Academy of Marketing Science*, vol. 28, no. 2 (2000), pp. 248-262。

费者归因主要是指消费者根据自己了解的企业善因营销活动特征及内外在表现形式来推测该活动的动机。根据归因理论，个体在面对外界环境的不确定情况时，为了控制外界情境或明确自己的行为导向，会倾向于推断外部情境与个体行为的动因。在善因营销活动中，消费者会对善因营销的捐赠理由进行推断，在这一过程中，消费者通常会使用折扣理论。[①] 根据折扣理论，当企业的善因营销行为出现因果关系不统一的时候，消费者会对过去推断的归因打折扣。即便消费者对企业以往善因营销的实施持有利他动机归因，当面对新一轮的营销不一致行为时，消费者也会对以往的利他动机归因表示质疑。刘凤军等通过折扣理论解释了企业的社会责任行为带来消费者抵制的原因。他们指出，企业要做到言行一致，过低或过高的企业承诺都可能给消费者带来“感受过分”的情绪，从而造成吃力不讨好的结果。[②]

学者们在研究善因营销对消费者响应的影响过程时，大多都是将企业的动机作为中介变量，找到影响归因的善因营销活动特征等外界因素，比如：捐赠金额、企业与善因事项的匹配度或是选择的慈善事业等。从这里可以看出，消费者在面对企业提供的关于善因营销活动的诸多信息时，会将这些信息打包成一个模块——动机。这与图式理论中知识的表现形式及其在头脑中存在的方式不谋而合。根据图式理论，在个体获取新知识或是解释新事件或情境时，他们会将这些新信息打包成记忆结构中的模块，以帮助他们厘清杂乱无章的知识。[③] 但是，现有的文献在解读过程中，只是关注了动机这一个维度。说服知识理论(persuasion knowledge theory)可以验证归因理论在解释消费者善因营销感知中的合理性。说服知识理论指出，面对企业提供的各种说服策略，消费者为最优化自己的购买决策，会采取不同的应对措施。在消费者对善因营销这种说服知识了解较少时，为防止自己被操纵，他们的确会从善因营销活动的特征中寻

① 参见 H. H. Kelly, *Attribution in Social Interaction*, New York: General Learning, 1971, pp. 52-63。

② 参见刘凤军、孔伟、李辉：《企业社会责任对消费者抵制内化机制研究——基于 AEB 理论与折扣原理的实证》，《南开管理评论》2015 年第 1 期。

③ 参见刑强：《现代认知心理学关于图式模型的研究》，《心理学探新》2002 年第 4 期。

找线索来对企业营销策略进行归因。①

但随着善因营销策略被企业广泛应用，消费者已经深刻了解善因营销的内涵以及这种模式的利己利他动机共存的特征，大多数消费者认为企业的善因营销行为是企业在利他与利己动机综合考量的基础上做出的决定，极少数消费者认为企业的行为是完全利他或是完全利己的。② 在这种背景下，消费者会转移决策策略来最优化自己的决定。③ 从以上分析来看，仅仅从消费者的动机感知来研究善因营销的响应已经不能完全解释其影响机制。因此，要从多个角度来研究消费者对善因营销的感知。消费者对善因营销活动的多维感知是学界急迫要解决的问题。

根据品牌意图能动框架，在人与企业或品牌的互动过程中，除了动机一个维度外，消费者还会感知到企业的能力与道德。但现存的文献很少从企业的能力与道德两个维度出发，来研究感知对消费者响应的影响机制。

2.2 刻板印象与品牌感知

2.2.1 刻板印象概念

1922 年，美国记者沃尔特·李普曼（Walter Lippman）在自己的著作《公众舆论》（*Public Opinion*）里首次提出刻板印象的概念。他指出个体被包围在真实、庞大、复杂的外在空间里，很难追寻到它的轨迹，更别说抓住其规律，因为这个外在环境不是静止不动的，它瞬息万变。因此个体想要了解“抓住”外在环境，就必须建立一种较为简化的方式来帮助自己掌握外在环境，根据简化机制开展相关活动。李普曼就将这一简化机制看作个体“头脑中的图像”（the pictures in our heads），并采用印刷行业的专业术语“铅版”（stereotype）来命名

① 参见梁静：《基于说服知识应用的消费者购买决策行为研究》，《经济论坛》2015 年第 6 期。

② 参见 L. A. Mohr, D. J. Webb, and K. E. Harris, “Do Consumers Expect Companies to Be Socially Responsible? — The Impact of Corporate Social Responsibility on Buying Behavior,” *The Journal of Consumer Affairs*, vol. 35, no. 1 (2001), pp. 45-72; L. A. Mohr and D. J. Webb, “The Effects of Corporate Social Responsibility and Price on Consumer Responses,” *Journal of Consumer Affairs*, vol. 39, no. 1 (2005), pp. 121-147。

③ 参见梁静：《基于说服知识应用的消费者购买决策行为研究》，《经济论坛》2015 年第 6 期。

个体“头脑中的图像”。随后，“铅版”一词被广泛运用，并在心理学领域译介为专业术语——“刻板印象”。[①]

这之后，不少学者都根据自己的理解认识和研究兴趣以及思索试图对“刻板印象”进行定义，“刻板印象”定义的发展经过了较长时间的演变。从不同历史阶段的不同研究导向来看，可以按照时间脉络将其分为两个阶段：20 世纪 70 年代之前和 70 年代之后。前一阶段研究者们主要是从结果的维度指出刻板印象的不足：刻板印象容易形成不正确的认识，产生错误的社会判断，从而造成不好的结果，因而专家们习惯将刻板印象与偏见、歧视等不公正的社会问题联系起来。20 世纪 70 年代以后，在认知心理学的影响下，学者们逐渐认识到刻板印象的作用主要表现在对他人或群体形成的认知表征，从而可以快速将目标群体与其他群体区别开来，从而在认知上形成差别。

学界之所以对刻板印象有不同解读与定义，主要原因在于研究者是以不同的理论视角来研究刻板印象的。王沛指出，学界对于刻板印象的理论视角主要可分为四类：心理动力学、社会文化、认知和社会认知。[②] 在这四种不同的理论视角下，其定义自然发生变化。沃森（B. Watson）从心理动力学角度认为，刻板印象是个体对于特定群体或团体的普遍心理特质的归因。[③] 佩罗特（S. B. Perrott）等从社会文化的理论视角出发，把刻板印象看作群体敌意的组成部分。[④] 而卡迪（A. J. C. Cuddy）等则从认知的理论视角指出，刻板印象并不准确，它主要以简化的方式对社会群体或团体进行僵化的、概念式的简单认知，得到的也只是认知对象或群体的“初略”的表象（image）。[⑤]

---

① 参见 R. P. Hamlin and T. Wilson, “The Impact of Cause Branding on Consumer Reactions to Products: Does Product/Cause ‘Fit’ Really Matter,” *Journal of Marketing Management*, vol. 20, no. 7-8 (2004), pp. 663-681。

② 参见王沛：《刻板印象的社会认知研究述论》，《心理科学》1999 年第 4 期。

③ 参见 B. Watson, “Aboriginal Stereotypes Challenged,” *Bulletin with Newsweek*, vol. 23, no. 5-6 (1995), pp. 16-18。

④ 参见 S. B. Perrott and D. M. Taylor, “Ethnocentrism and Authoritarianism in the Police: Challenging Stereotypes and Reconceptualizing Ingroup Identification,” *Journal of Applied Social Psychology*, vol. 24, no. 18 (1994), pp. 1640-1664。

⑤ 参见 A. J. C. Cuddy, S. T. Fiske, and P. Glick, “When Professionals Become Mothers, Warmth Doesn't Cut the Ice,” *Journal of Social Issues*, vol. 60, no. 4 (2004), pp. 701-718。

运用社会认知的理论视角对刻板印象进行定义的观点得到了较多学者的认可，这种视角较为全面且新颖，其从社会文化属性和心理认知层面对刻板印象进行了全面概括。学者卡娜赫拉(S. Kanahara)就运用社会认知的理论视角对刻板印象进行定义，并值得学界参考。他们认为，信念(belief)和群体(group)是定义刻板印象不可忽视的两个层面，其原因在于刻板印象一方面是由认知主体的一系列信念组成，并转化为较为稳固的认知结构，另一方面，刻板印象是认知主体针对某一社会群体投射出来的认知特点，在这一群体里的每一个组成个体都具有该特点，能够迅速被认知主体识别出来，并被划入这一群体。① 因此在这一认知基础上，很多学者把刻板印象看作针对某一特定群体的信念集合。②

从卡娜赫拉的理论可以看出刻板印象的三个特征。

首先，刻板印象最突出的特征是可以帮助人们对某一团体或现象产生一定的认知，这种认知会帮助人们压缩认知外界的过程，并在一定程度上避免人们认识能力的局限带来的对外界信息难以一一攻破的困境。这时刻板印象就成了个体压缩相关信息的有力工具，帮助从一个相对简化的层面认知外界信息，从而节省了时间和精力。麦加迪(C. McGarty)等人指出，个体生活在一个庞大的外在世界里，纷繁而杂乱的外界信息包围着个体，而个体处理信息的时间、能力和精力又都是有限的，因此，个体无时无刻不在希冀寻求简单而有效的途径归化外界的信息，由此解决相关问题并寻求更为简单的正常生活，克服过多的外在信息造成的个体压力。刻板印象无疑成了帮助个体处理过多的外在信息、凝练社交中必要的交往信息的有效途径，个体因此避免了因处理纷杂的外界信息而造成的时间和精力的过多使用。③

其次，刻板印象应是可以共享的。刻板印象可以被某个单一个体独自占

① 参见 S. Kanahara and N. W. Universify, “A Review of the Definitions of Stereotype and a Proposal for a Progressional Model,” *Individual Differences Research*, vol. 4, no. 5 (2006), pp. 306-321。

② 参见 J. L. Hilton and W. V. Hippel, “Stereotypes,” *Annual Review of Psychology*, vol. 47, no. 250 (1996), pp. 237-271; M. Brauer, C. M. Judd, and V. Jacquelin, “The Communication of Social Stereotypes: The Effects of Group Discussion and Information Distribution on Stereotypic Appraisals,” *Journal of Personality & Social Psychology*, vol. 81, no. 3 (2001), pp. 463-475。

③ 参见 C. McGarty, V. Y. Yzerbyt, and R. Spears, “Social, Cultural and Cognitive Factors in Stereotype Formation,” in *Stereotypes As Explanations*, Cambridge: Cambridge University Press, 2002, pp. 1-15。

有，但实际上基本所有的刻板印象都可以在一个群体里共享，也正是这一特性使得研究者可以根据某一群体的刻板印象，描绘出该群体下一步可能采取的行为路线，对该群体进行预测和描摹。麦加迪等人还指出，有三个可能的原因致使刻板印象具有共享性：第一，相似的成长环境和社会经历可能造成某一群体具有相对一致的可以共享的刻板印象；第二，个体在成长过程中可能形成了相似的知识文化素养和信念依赖，因此他们身上容易有较为相似的可共享的刻板印象；第三，相似的可共享的刻板印象也使得某一群体在这一理念的指引下协调行动。

最后，刻板印象应是固着的。刻板印象一旦形成就很难被外界改变，这使其具有节省认知资源的功能。但在刻板印象的影响下，人们往往难以逃脱僵化思维的影响，对某一群体抱有呆板印象，即使在外在环境发生改变之时，刻板印象的屏蔽功能也使得认知主体很难改变认识。所以，当认知主体面对某个群体的成员时，往往很容易以固有的刻板印象来“打量”该成员，而忽视外在环境对该成员造成的潜移默化的影响，从而形成了一种认知上的误差。因此许多研究者把刻板印象当作僵化和固着的工具。[①]

综上，可以看出刻板印象是某一认知主体对某一社会群体形成的信念的集合，它可以有效帮助认知主体规避不必要的冗杂信息，快速形成对相关群体的认知，但这种认知也是僵化并难以改变的。

2.2.2 刻板印象内容模型

自提出刻板印象概念以后，学者们就一直致力于研究刻板印象的内容。菲斯克(S. T. Fisk)等指出，当个体同群体进行社会交往时，其往往会好奇这个社交群体是以怎样的眼光和意图来看待自己和自己所处的群体，甚至他人如何达成相应的意图。所以他人具有的意图(或好或坏)以及他人达成这种意图的能力是群际互动中需要重点考虑的因素。因此，菲斯克等从热情(warmth)和能

---

① 参见 P. G. Devine and A. J. Elliot, “Are Racial Stereotypes Really Fading? — The Princeton Trilogy Revisited,” *Personality and Social Psychology Bulletin*, vol. 21, no. 11 (1995), pp. 1139-1150; J. L. Hilton and W. V. Hippel, “Stereotypes,” *Annual Review of Psychology*, vol. 47, no. 250 (1996), pp. 237-271。

力(competence)两个维度来构建刻板印象模型的基本框架。并且随着研究的深入,热情和能力维度也逐渐得到了验证。[①] “刻板印象内容模型”(Stereotype Content Model, SCM)与“群际情绪—刻板印象—行为趋向系统模型”(Behaviors from Intergroup Affect and Stereotype,BIAS Map)已成为学界普遍认可的刻板印象模型。

1.SCM

随着刻板印象内容模型逐渐得到公众的认可,这一由菲斯克等学者创建的模型正成为21世纪在社会认知界最为耀眼的理论模型。SCM也对“温暖”和“能力”两个社会感知维度进行了定义,并在此基础上搭建了刻板印象的四个群体,即高热情—高能力、高热情—低能力、低热情—高能力和低热情—低能力。SCM在很多方面都取得了突破性进展,特别是在一次全球范围内的抽样调查中,在17个不同国家进行的实验中得出,刻板印象都具有普遍适应性,并且能够较好地预测群际关系。在热情和能力两个维度上建立的刻板印象内容模型充分反映了其所包含的认知和情感两种成分。[②] 中国学者程婕婷等从中国国情出发,增加了“道德”维度,将刻板印象内容增加到三个维度:能力、温暖和道德。[③]

2.BIAS Map

群际情绪—刻板印象—行为趋向系统模型在刻板印象内容模型的基础上增加了群际情绪行为反应,把认知情感和行为倾向在同一个模型里进行整合。[④] BIAS Map增加了热情和能力作用下的情绪及可能导致的行为倾向,在这一模

---

① 参见 S. T. Fisk, A. J. Cuddy, P. Glick, and Xu J., “A Model (Often Mixed) Stereotype Content: Competence and Warmth Respectively Follow from Perceived Status and Competition,” *Journal of Personality and Social Psychology*, vol. 82, no. 6 (2002), pp. 878-902。

② 参见 A. J. C. Cuddy , S. T. Fiske, and P. Glick, “Warmth and Competence as Universal Dimensions of Social Perception: The Stereotype Content Model and the BIAS Map,” *Advances in Experimental Social Cognition*, vol. 40, no. 1 (2008), pp. 61-147; N. Kervyn, S. T. Fiske, and C. Malone, “Brands as Intentional Agents Framework: How Perceived Intentions and Ability Can Map Brand Perception,” *Journal of Consumer Psychology the Official Journal of the Society for Consumer Psychology*, vol. 22, no. 2 (2012), pp. 166-176。

③ 参见程婕婷、张斌、汪新建:《道德:刻板印象内容的新维度》,《心理学探新》2015年第5期。

④ 参见 A. J. Cuddy, S. T. Fiske, and P. Glick, “The BIAS Map: Behaviors from Intergroup Affect and Stereotypes,” *Journal of Personality & Social Psychology*, vol. 92, no. 4 (2007), pp. 631-648。

型中，热情是人际交往的首要因素，能力维度处于从属地位。热情带来个体积极主动的行为，而低温暖感知会引起消极行为。能力维度控制被动行为倾向，高能力判断激发被动助长行为，低能力判断引发被动伤害行为，具体见图 2-2 BIAS Map 模型。

	低能力	高能力
高温暖	高温暖—低能力群体 ①群体特征：社会地位低，缺乏竞争性 ②唤起情感：可怜、同情 ③引发行为倾向：帮助、忽视 ④群体举例：老人、残疾人、家庭妇女	高温暖—高能力群体 ①群体特征：社会地位高，缺乏竞争性 ②唤起情感：赞美、钦佩 ③引发行为倾向：帮助、联系 ④群体举例：中产阶级、大学生
低温暖	低温暖—低能力群体 ①群体特征：社会地位低，具有竞争性 ②唤起情感：轻视、憎恶、反感 ③引发行为倾向：攻击、忽视 ④群体举例：吸毒者、无家可归者、流浪者	低温暖—高能力群体 ①群体特征：社会地位高，具有竞争性 ②唤起情感：妒忌、嫉妒 ③引发行为倾向：联系、伤害 ④群体举例：亚裔、犹太人、富人

图 2-2　BIAS Map 模型

资料来源：A. J. Cuddy, S. T. Fiske, and P. Glick, "The BIAS Map: Behaviors from Intergroup Affect and Stereotypes," *Journal of Personality & Social Psychology*, vol. 92, no. 4 (2007), pp. 631-648。

2.2.3　品牌感知

品牌感知是消费者对企业产品质量或价值的感知，消费者在将企业产品与同类产品进行比较之后综合考量，对品牌形成一种体验感知，并认为该品牌与同类品牌相比在形象、功用和对自我需求的满足上具有一定的优势。[①] 早在 1985 年，波特(M. E. Porter)就强调了买家的重要作用，并用"买家价值链"的观点表示企业要想发展壮大、在市场上站稳脚根就必须重视买家的作用，生产能

① 参见 J. Aaker, S. Fournier, and S. A. Brasel, "When Good Brands Do Bad," *Journal of Consumer Research*, vol. 31, no. 1 (2004), pp. 1-16。

够满足消费者需求及达到其期待值的产品，从而进一步获取利润。[①] 实际上，买家的期待值指的是消费者能够体会的品牌感知。遗憾的是，波特并没有对品牌感知做出界定。因此，这之后西方许多学者开始了对品牌感知的研究，特别是从品牌感知的概念、维度入手，多角度对其进行研究，但学界至今仍未对其形成统一的定义。菲利普·科特勒(Philip Kotler)从消费者的角度出发，指出消费者最关心的莫过于自己的消费利益是否得到满足，“顾客就是上帝”的口号也不再仅仅是口号。[②] 市场虽是由多方面因素组成的，但具有最终决定性的因素是消费者的心。只有生产出消费者满意的产品与服务，才能进一步拓展市场，扩大企业规模，而消费者对该企业产品或服务的选择则是企业创造价值的直观表现，这也是企业完成企业任务的主要方式。

品牌感知的研究最早是从品牌质量等特征或利益出发展开的。[③] 早期的品牌感知研究关注的是顾客价值链中的交易价值(trade value)。当时的学者认为品牌感知是指消费者在整个行为决策中感知到的利得与利失。蔡特哈姆尔(V. Zeithaml)等人认为品牌感知是指消费者在购物过程中损失和获得利益的感觉，是其对产品的功能、价值、服务等的综合感知，也就是消费者体会到的知觉利益和知觉损失的比率。他们从消费者角度出发，指出品牌感知具有理想化、低成本、质量可靠和收支平衡四个特点。[④] 品牌感知是消费者对影响其所需产品购买的价值观和经验感知的评估。2001 年，白长虹在其文章《西方的顾客价值研究及其实践启示》中指出：品牌感知是消费者根据自己消费所得和付出之间的比例进行的评价。[⑤] 弗林特(D. J. Flint)等从预期价值、价值观和价值评估三个角度出发，把品牌感知看作消费者期望从产品或服务中获取和放弃的价

① 参见 M. E. Porter, *Competitive Advantage*, New York: The Free Press, 1985, pp. 11-15。

② 参见 Philip Kotler and Gary Armstrong, *Principles of Marketing*, New Jersey: Prentice Hall, 2000, pp. 56-60。

③ J. Aaker, S. Fournier, and S. A. Brasel, “When Good Brands Do Bad,” *Journal of Consumer Research*, vol. 31, no. 1 (2004), pp. 1-16.

④ 参见 V. Zeithaml, A. Parasuraman, and L. L. Berry, “Delivering Quality Service: Balancing Perceptions and Expectations,” *Journal of Marketing*, vol. 62, no. 2 (1990), pp. 123-125; V. A. Zeithaml, “Consumer Perceptions of Price, Quality, and Value: A Means-End Model and Synthesis of Evidence,” *Journal of Marketing*, vol. 52, no. 3 (1988), pp. 2-22。

⑤ 参见白长虹：《西方的顾客价值研究及其实践启示》，《南开管理评论》2001 年第 2 期。

值之间的比例。[①] 科特勒指出，品牌感知是消费者成本与消费者获取价值之间的差额。[②]

目前，学者们也从不同领域入手，采用不同方法考察品牌的感知维度。品牌感知是一个总和变量，其中产品或服务的价格、质量、消费者的收获变量和损失变量等多重维度的关系是影响消费者品牌感知的重要因素。所以，必须根据产品的不同特点和类别来划分品牌感知的维度。谢斯(J. D. Sheth)等把品牌感知划分为五个向度，分别是感知认知价值、感知功能价值、感知社会价值、感知情感价值和感知情境价值等，这五个方面缺一不可，它们协同作用，共同影响消费者的购买行为。[③] 帕拉苏拉曼(A. Parasuraman)则采用定量分析方法把品牌感知划分为感知取得价值、感知使用价值、感知交换价值和感知赎回价值四个维度。[④] 罗杰(J. B. Roger)把品牌感知分为感知经济利益、感知知觉利益和感知情感利益三个维度。[⑤] 科特勒等从消费者消费付出的成本和获取的价值两个角度对品牌感知维度进行划分：消费者购物成本包括其付出的时间、金钱、精力等，消费者获取的价值则包括感知产品价值、感知人员价值、感知服务价值和感知形象价值等。[⑥] 斯威尼(J. C. Sweeny)和苏塔(G. N. Soutar)认为品牌感知包括感知心理价值、感知社会价值、感知功能价值及感知经济价值四个维度。从以上文献梳理可以看出，对于品牌感知维度的讨论由最初的利益感知延展到情感感知。[⑦]

---

① 参见 D. J. Flint, R. B. Woodruff, and S. F. Gardial, "Exploring the Phenomenon of Customers' Desired Value Change in a Business-to-Business Context," *Journal of Marketing*, vol. 66, no. 4 (2002), pp. 102-117。

② 参见 Philip Kotler and Gary Armstrong, *Principles of Marketing*, 8th Edition, New Jersey: Prentice Hall, 2000, pp. 56-60。

③ 参见 J. D. Sheth, B. I. Newman, and B. L. Gross, "Consumption Values and Market Choice," *Journal of Marketing Research*, vol. 29, no. 4 (1992), pp. 487-489。

④ 参见 A. Parasuraman, "Reflections on Gaining Competitive Advantage through Customer Value," *Journal of the Academy of Marketing Science*, vol. 25, no. 2 (1997), pp. 154-161。

⑤ 参见 J. B. Roger, *Market-Based Management: Strategies for Growing Customer Value and Profitability*, New York: Prentice Hall, 1997。

⑥ 参见 Philip Kotler and Gary Armstrong, *Principles of Marketing*, New Jersey: Prentice Hall, 2000, pp. 56-60。

⑦ 参见 J. C. Sweeney and G. N. Soutar, "Consumer Perceived Value: The Development of a Multiple Item Scale," *Journal of Retailing*, vol. 77, no. 2 (2001), pp. 203-220。

根据有限理性人理论，由于人类受到有限的资源、认知能力不完全以及文化信仰等影响，人类的行为决定不可能是完全理性的结果。[①] 人是“认知上的吝啬鬼”，愿意采用一种简单方便的方式来处理新信息。图式理论指出：当个体面对杂乱无章的知识与信息时，他们会将这些新信息打包成记忆结构中的模块，以帮助他们今后从大脑中提取知识。[②] 个人图式理论即刻板印象理论指出：当人与他人互动时，新信息就被打包成两个模块——温暖和能力。克尔文（N. Kervyn）等把品牌拟人化，将刻板印象理论应用在品牌感知上，提出能力与意图两个维度，建立了品牌意图能动框架。[③]

2.2.4 品牌意图能动框架

随着关系营销理论的发展，学者们越来越多地运用社会学以及心理学有关理论，从情感联结的角度来研究消费者与品牌的关系。品牌在此过程中被拟人化，研究人员赋予品牌与人类类似的品质，如能力、动机等。[④] 根据图示理论，当个体暴露在新信息与新知识中，他们会依赖存储在大脑中的图式进行认知判断，而不是再次对信息进行精细化分析。个体之间的互动将激发个体对他人的个人图示感知，品牌与消费者之间的互动将激发个体对品牌的图式感知。基于社会心理学的刻板印象内容模型与 BIAS Map，克尔文提出了品牌意图能动框架（Brands as Intentional Agents Framework），将意图（intention）和能力（ability）两个维度与品牌感知的评价、情感和行为三个层面进行了有效整合。品牌意图能动框架中的意图与刻板印象内容模型中的热情相对应，品牌意图能动框架中的能力与刻板印象内容模型中的能力相对应。克尔文按照意图的好坏以及能力的高低，对品牌进行划分，得到四种组合。品牌意图能动框架还对这四

---

① 参见 D. Kahneman, “Maps of Bounded Rationality: Psychology for Behavioral Economics,” *American Economic Review*, vol. 93, no. 5 (2013), pp. 1449-1475。

② 参见刑强：《现代认知心理学关于图式模型的研究》，《心理学探新》2002 年第 4 期。

③ 参见 N. Kervyn, S. T. Fiske, and C. Malone, “Brands as Intentional Agents Framework: How Perceived Intentions and Ability Can Map Brand Perception,” *Journal of Consumer Psychology the Official Journal of the Society for Consumer Psychology*, vol. 22, no. 2 (2012), pp. 166-176。

④ 参见 D. A. Aaker, “Should You Take Your Brand to Where the Action Is,” *Harvard Business Review*, vol. 75, no. 5 (1997), p. 135。

种类型品牌引发的情感做了详细描述(见图 2-3)。

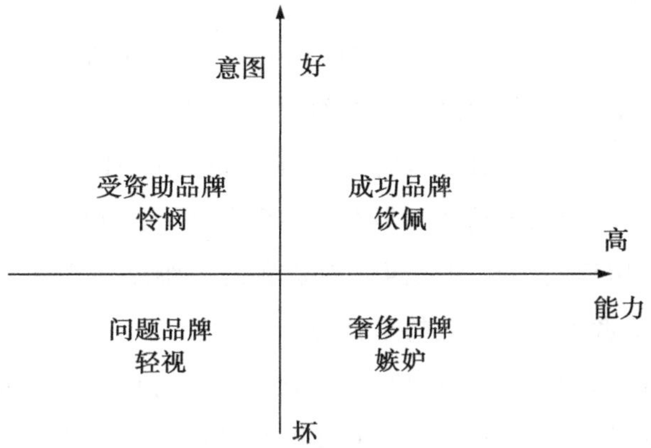

图 2-3　品牌意图能动框架

资料来源:N. Kervyn, S. T. Fiske, and C. Malone, "Brands as Intentional Agents Framework: How Perceived Intentions and Ability Can Map Brand Perception," *Journal of Consumer Psychology*, vol. 22, no. 2 (2012), pp. 166-176。

品牌意图能动框架随后也得到许多学者的实证研究认证。阿克(J. Aaker)等通过实证研究验证了能力与亲切两个维度的存在,并分别探讨了它们对消费者购买意愿的影响。研究结果发现,能力与亲切对消费者的购买意愿都有影响,但是有主次之分。能力起到更为重要的影响作用,亲切居次要地位。两者的交互作用将增强消费者的购买意愿。[①] 贝内特(A. M. Bennett)等通过实证研究验证了以亲切和能力为维度的品牌感知模型的优越性,也验证了消费者的文化水平及年龄对消费者品牌感知的重大影响:有文化的年长者很难在短时间内形成对品牌的亲切感知,反之则相反。消费者的收入和文化水平交互影响他们的品牌感知。当把收入水平低当作不变量进行调查时发现,文化水平相对较低的消费者更容易动情,对品牌形成情感关注;当把收入水平高当作不变量进

① 参见 J. Aaker, E. N. Garbinsky, and K. Vohs, "Cultivating Admiration in Brands: Warmth, Competence, and Landing in the 'Golden Quadrant'," *Journal of Consumer Psychology*, vol. 22, no. 2 (2012), pp. 191-194。

行调查时发现,文化水平的高低并不会对品牌感知产生影响。①

国内学者吴波等在研究中从中国国情出发,增加了道德维度。他们提出了品牌感知的能力、道德、亲切三个方面的内容,并抽样选取了10个品牌进行消费者感知调查。结果表明,由这三个方面组成的品牌意图感知框架预测消费者购买行为的过程中具有很大的能动性。总体来说,在中国消费者更容易在道德的影响下,进行品牌产品的选择。但在特定背景下,比如在选择奢侈品时,中国消费者更看重亲切程度。有别于西方消费者能力维度对消费者购买意愿的主导作用,中国消费者更重视企业的道德与亲切度。②

本书将结合品牌意图能动框架与善因营销的特点,将消费者感知分为能力感知、利他动机感知以及道德感知,并判断善因营销的消费者感知对其忠诚意愿的影响以及影响强度。

2.3 消费者依恋相关研究

2.3.1 消费者依恋的来源

消费者依恋来源于心理学中的依恋理论,它是由英国学者鲍尔比(J. Bowlby)在1969年根据从事的母婴研究提出的,后来被逐渐运用到市场营销中。鲍尔比等主要是从婴儿与看护人之间的关系入手,认为婴儿与看护人之间存在特殊的关系,婴儿倾向于与看护者保持良好而愉悦的关系,并希望这种感觉与日俱增,当婴儿感觉到某种危难时,就会积极主动地寻求看护者的帮助。③他们还指出,依恋关系是在不断发展变化的、在婴儿时期,主要表现为婴儿对父母的依恋;随着婴儿逐渐长大,这种依恋也将开始扩大影响范围,由原来的父母

① 参见 A. M. Bennett and R. P. Hill, "The Universality of Warmth and Competence: A Response to Brands as Intentional Agents," *Journal of Consumer Psychology*, vol. 22, no. 2 (2012), pp. 199-204。

② 参见吴波、李东进、杜立婷:《消费者品牌感知研究——对品牌意图能动框架的延伸》,《管理评论》2015年第2期。

③ 参见 J. Bowlby, *Attachment and Loss: Attachment*, New York: Basic Books, 1969, pp. 55-75; M. J. Sirgy, "Self-Concept in Consumer Behavior: A Critical Review," *Journal of Consumer Research*, vol. 9, no. 3 (1982), pp. 287-300。

延伸到朋友或恋人。哈森(C. Hazen)和谢弗(P. R. Shaver)将依恋关系的研究扩展到恋爱关系中,认为个体在恋爱中的稳定关系来源于其将恋爱对象融入自我概念。在此之后,学者们不仅用依恋理论来描述和解读人际关系中的各种形式,比如友情和爱情等[①],也用它来预知个体的情感、认知以及行为。因此,在心理学上,依恋理论在解释亲密关系以及人际关系中起到非常重要的作用。

随着依恋理论的发展及其应用的拓展,很多学者开始把依恋理论用在人与物品、人与地点、人与品牌等与消费者行为有关的研究中来。随着关系营销的发展,有学者指出依恋理论的研究方向正在由心理学向营销学推进(见图 2-4)。

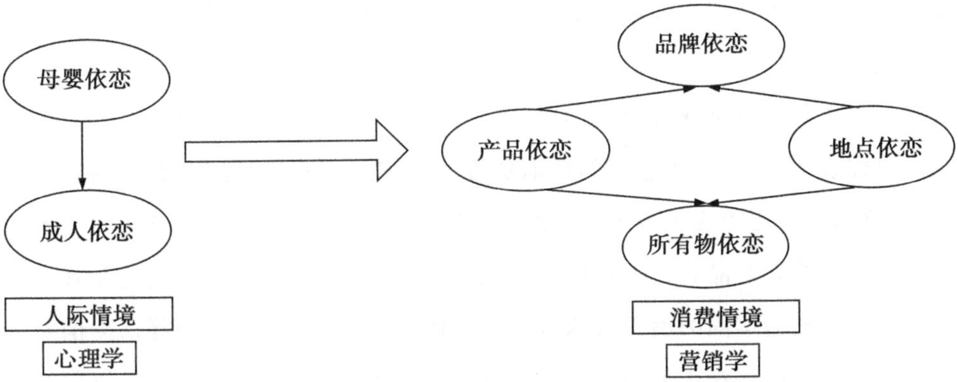

图 2-4　依恋理论从心理学向营销学的演进路径

资料来源:姜岩、董大海《西方消费者依恋理论的研究进展》,《管理评论》2009 年第 1 期。

2.3.2　消费者依恋的内涵

学者们对消费者依恋的定义不尽相同,但从文献梳理中可以看出国内外学者主要从社会认知层次以及情感层次等来界定消费者依恋的内涵以及维度。

1.社会认知层次上的消费者依恋维度

很多学者从认知哲学的角度对依恋的定义和维度进行了概括,并指出个体

---

① 参见 C. Hazen and P. R. Shaver, "Attachment as an Organizational Framework for Research on Close Releationship," *Psychological Inquiry*, vol. 5, no. 1 (1994), pp. 1-22。

对品牌物品的依恋代表了自我的一种外延。[①] 舒贝茨(S. E. Schultz)等较早指出了自我与所有物之间存在依恋关系:物品是个体延伸的一部分,可以被称为"延伸自我"。[②] 斯瓦达(E. Sivadas)等学者提出并验证了延伸自我强度与依恋的概念模型,证实了所有物是自我的拓展。当消费者把拥有的物品看成自我拓展或延伸的一部分时,他们就与这个物品建立了"联结"。[③]

个体在品牌依恋过程中获得了自我发展和认知,同时这一过程是个体与消费对象共同作用的结果:消费者通过购买或拥有商品来认识自我、定义自我,企业通过提供产品、服务、体验等资源来满足自我、丰富自我以及实现自我。对自我概念的支持以及对自我的提升也被学者们认为是消费者建立依恋情感的内在机理。[④]

2.情感层次上的消费者依恋维度

研究表明,消费者依恋指的是消费者与品牌之间建立情感关系,包括信赖、自豪、热情和诚实等多个方面。[⑤] 消费者依恋可被看作消费者对产品的一种心理反应。消费者对品牌评价良好且喜欢长期购买此品牌,就表明其与品牌之间形成了一种较为牢固的消费者依恋关系。汤姆森(M. Thomson)等认为消费者与企业之间可以存在类似亲人般的情感支撑关系,良好的人际交往可以预知主

① 参见 A. D. Ball and L. H. Tasaki, "The Role and Measurement of Attachment in Consumer Behavior," *Journal of Consumer Psychology*, vol. 1, no. 2 (1992), pp. 155-172。

② 参见 S. E. Schultz, R. E. Kleine, and J. B. Kernan, "These Are a Few of My Favourite Things — Towards an Explanation of Attachments a Consumer Behaviour Construct," vol. 16, no. 1 (1989), pp. 15-17。

③ 参见 E. Sivadas and R. Venkatesh, "An Examination of Individual and Object-Specific Influences on the Extended Self and Its Relation to Attachment and Satisfaction," *Advances in Consumer Research*, vol. 22 (1995), pp. 406-412。

④ 参见 A. D. Ball and L. H. Tasaki, "The Role and Measurement of Attachment in Consumer Behavior," *Journal of Consumer Psychology*, vol. 1, no. 2 (1992), pp. 155-172; C. W. Park and D. J. Macinnis, and J. Priester "Brand Attachment: Construct, Consequences and Causes," *Foundations & Trends in Marketing*, vol. 1, no. 3 (2006), pp. 191-230。

⑤ 参见 W. J. Mcewen, "Married to the Brand: Why Consumers Bond with Some Brands for Life," *Booklist*, vol. 32, no. 3 (2005), pp. 321-322。

体对他人的信赖、投入和付出。[①] 消费者依恋同样如此,当消费者对品牌或企业建立起依恋关系时,他们会牺牲自我资源来维系良好的关系,比如溢价购买或延迟购买等,甚至会原谅企业的过失行为。侯海青从消费者依恋的角度着手,以丰田汽车的召回事件为案例进行分析,指出消费者依恋对企业负面营销事件影响的弱化作用,在消费者依恋情境下,消费者与品牌已经建立了一种情感纽带,这种情感纽带根深蒂固,不易被折断,在此情况下,丰田汽车的负面召回事件也就逐渐在消费者的头脑中消融。[②]

3.消费者依恋的多维度

很多研究将消费者依恋理解为品牌通过认知、情感与自我关联等纽带将消费者与品牌连接起来。[③] 杨春认为消费者依恋可以分为情感联结、品牌—自我关联和信任保障等三个方面。[④] 情感联结指当消费者面对品牌的某些产品时会自动产生某种熟悉的感觉,通常这种感觉都带有某种程度的温情;品牌—自我关联主要是消费者在日常生活中把某种品牌与自我身份、性格或气质等自我特性关联起来,建立自我与品牌之间的相似性;信任保障是指某种品牌的质量、作用等能帮助消费者解决问题或质量可信。除此之外,消费者通过购买行为进行自我构建、表达需求,使品牌成为自我概念的一部分,因此品牌依恋应是一个多维的概念。[⑤]

2.3.3　消费者依恋对消费者行为的影响

越来越多的学者指出因其对消费者和品牌关系的关注,消费者依恋研究可

---

① 参见 M. Thomson, D. J. Macinnis, and C. W. Park, "The Ties That Bind: Measuring the Strength of Consumers' Emotional Attachments to Brands," *Journal of Consumer Psychology*, vol. 15, no. 1 (2005), pp. 77-91。

② 参见侯海青:《基于品牌依恋的品牌社群经营研究》,《中国管理信息化》2009 年第 13 期。

③ 参见姜岩、董大海:《西方消费者依恋理论的研究进展》,《管理评论》2009 年第 1 期。

④ 参见杨春:《消费者品牌依恋的内容结构及其相关研究》,暨南大学教育学硕士学位论文,2009 年,第 30～50 页。

⑤ 参见 M. Thomson, D. J. Macinnis, and C. W. Park, "The Ties That Bind: Measuring the Strength of Consumers' Emotional Attachments to Brands," *Journal of Consumer Psychology*, vol. 15, no. 1 (2005), pp. 77-91;杨春:《消费者品牌依恋的内容结构及其相关研究》,暨南大学教育学硕士学位论文,2009 年,第 30～50 页。

以为预知消费者未来在较高层次上的交换选择提供更多的认识。[①] 与消费者的满意度相比，消费者依恋能更加准确预测消费者的忠诚意愿这种较高层次的交换。[②] 消费者行为中得到普遍研究的消费者满意度及消费者态度在描述消费者感知时普遍具有单一性，而从前文中的文献梳理可以看出消费者依恋是个多维的构念，它既是消费者通过与品牌联结进行的自我交流、自我认识与自我提升，又是以关系为基础的充满强烈情感的心理表征。[③] 当消费者处于这种理性与感性并存的依恋状态中时，他们将对依恋对象进行长期的投入。

很多研究结果表明，正面的情感会延长个体注意力持续的时间及消费者对依恋品牌的持续关注，减弱其他品牌对他们的诱惑，增强他们对品牌的持续投入。[④] 这与帕克(C. M. Park)等提出的消费者自由支配的资源相吻合。只有当消费者对企业或品牌拥有强烈的依恋情感时，他们才愿意将自身拥有的时间、资金等可以被自己自由支配的资源分配出去。[⑤] 消费者投入时间资源主要表现在其依恋的品牌缺货时，他们会延迟购买；消费者投入资金资源是指消费者会对自己依恋的品牌持续购买以及溢价购买。除此之外，消费者投入的资源还包括心理资源和情感资源，比如消费者的自尊等。消费者在对依恋品牌进行口碑传播与宣传时，可能面临群体排斥与对个体的负面评价。消费者只有在与依恋对象建立很深

---

① 参见 C. W. Park, D. J. MacInnis, and J. Priester, "Brand Attachment: Construct, Consequences and Causes," *Foundations & Trends in Marketing*, vol. 1, no. 3 (2006), pp. 191-230; S. Youn and H. Kim, "Antecedents of Consumer Attitudes toward Cause-related Marketing," *Journal of Advertising Research*, vol. 48, no. 1 (2008), pp. 123-137。

② 参见 C. W. Park, D. J. MacInnis, and J. Priester, "Brand Attachment: Construct, Consequences and Causes," *Foundations & Trends in Marketing*, vol. 1, no. 3 (2006), pp. 191-230; S. Youn and H. Kim, "Antecedents of Consumer Attitudes toward Cause-Related Marketing," *Journal of Advertising Research*, vol. 48, no. 1 (2008), pp. 123-137。

③ 参见 C. W. Park, D. J. MacInnis, and J. Priester, "Brand Attachment: Construct, Consequences and Causes," *Foundations & Trends in Marketing*, vol. 1, no. 3 (2006), pp. 191-230; J. H. Holmes and C. J. Kilbane, "Cause-Related Marketing: Selected Effects of Price and Charitable Donations," *Journal of Nonprofit & Public Sector Marketing*, vol. 1, no. 4 (1993), pp. 67-84。

④ 参见 A. M. Isen, "An Influence of Positive Affect on Decision Making in Complex Situations: Theoretical Issues with Practical Implications," *Journal of Consumer Psychology*, vol. 11, no. 2 (2001), pp. 75-85。

⑤ 参见 C. W. Park, D. J. MacInnis, and J. Priester, "Brand Attachment: Construct, Consequences and Causes," *Foundations & Trends in Marketing*, vol. 1, no. 3 (2006), pp. 191-230。

的心理纽带后才愿意牺牲自身的心理资源来维护依恋对象的利益。[①]

综上可知，若消费者与企业之间形成了强烈的情感依恋，他们会持续地、溢价购买依恋企业的产品，促进企业销售额以及收益的持续增长；而且愿意进行口碑传播，向他人展示符合他们个性与特点的产品。[②] 如同范·兰格(Paul A. M. Van Lange)等人在研究中指出的，当消费者对企业产生强烈的情感依恋时，他们将主动付出自己拥有的资源，包括时间、资金等，甚至会为了关系的维护与延续而做出个人牺牲。[③] 帕克等指出，消费者对品牌认知与评价的强度决定了其是否愿意购买品牌的产品，只有当认知评价达到很高的水平时消费者才会形成强烈的正面情感，进而对品牌或企业形成依恋。

2.3.4 消费者依恋形成机制

1.自我概念

很多学者在研究消费者依恋形成机制的过程中，会从消费者行为与自我概念之间的关系来进行研究。[④] 自我概念指的是自我对自身多维度的综合评价，包括自我态度、自我概念等。[⑤]鲍尔(A. D. Ball)和多崎(L. H. Tasaki)指出，消费者通过购买产品或服务来定义自我并加强自我概念后将与企业建立强烈的情感依恋。消费者将他们购买或拥有的产品看成“延伸自我”或“扩展自我”。[⑥]在某种程度上，消费者购买或拥有的物品可以体现他们的自我态度、自我价值

---

① 参见 J. H. Holmes and C. J. Kilbane, “Cause-Related Marketing: Selected Effects of Price and Charitable Donations,” *Journal of Nonprofit & Public Sector Marketing*, vol. 1, no. 4 (1993), pp. 67-84。

② 参见 C. W. Park, D. J. Macinnis, and J. Priester “Brand Attachment: Construct, Consequences and Causes,” *Foundations & Trends in Marketing*, vol. 1, no. 3 (2006), pp. 191-230。

③ 参见 Paul A. M. Van Lange, C. E. Rusbult, S. M. Drigotas, X. B. Arriaga, and B. S. Witcher, “Willingness to Sacrifice in Close Relationship,” *Journal of Personality and Social Psychology*, vol. 72, no. 6 (1997), pp. 1373-1395。

④ 参见 A. D. Ball and L. H. Tasaki, “The Role and Measurement of Attachment in Consumer Behavior,” *Journal of Consumer Psychology*, vol. 1, no. 2 (1992), pp. 155-172; S. E. Schultz, R. E. Kleine, and J. B. Kernan, “These Are a Few of My Favourite Things: Toward an Explication of Attachment as a Consumer Behaviour Construct,” *Advances in Consumer Research*, vol. 16, no. 1 (1989), pp. 359-366。

⑤ 参见 M. J. Sirgy, “Self-Concept in Consumer Behavior: A Critical Review,” *Journal of Consumer Research*, vol. 9, no. 3 (1982), pp. 287-300。

⑥ 参见 A. D. Ball and L. H. Tasaki, “The Role and Measurement of Attachment in Consumer Behavior,” *Journal of Consumer Psychology*, vol. 1, no. 2 (1992), pp. 155-172。

等自我概念。[①] 另外，消费者在消费过程中若能丰富自我、表达自我、实现自我或发展等，消费者就更容易与品牌建立品牌依恋。消费者依恋的强度也取决于品牌形象与正面自我的关联度，若产品属性与消费者潜在遗失的自我或负面的自我产生联系，其将对消费者品牌依恋产生负面影响。[②]

目前，被学术界普遍认可的消费者依恋形成机制包括：汤姆森（M. Thomson）提出的 A-R-C 模型以及帕克提出的品牌依恋形成机制模型。A-R-C 模型是指，个体对他人或物品的依恋强度取决于外物满足个体三个方面的需求的强度：自主（autonomy）、关联（relatedness）和发展能力（competence）（见图 2-5）。[③] 以消费者依恋为例，从自主维度来看，品牌应尽量为消费者提供舒适、自由的购物环境，不让消费者感觉到自己是在道德绑架下进行消费，而是感觉到自身与品牌之间比较亲近；品牌可以尽量帮助消费者在某方面得到发展或在某方面挑战自我。只有这样，消费者才会与此品牌建立或保持依恋关系。但是实证研究结果表明，自主与关联与依恋有正相关的关系，而发展能力与依恋之间的关系没有得到证实。

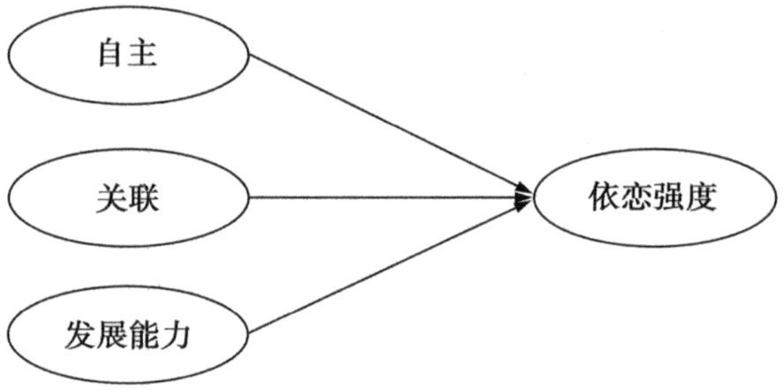

图 2-5 依恋强度的影响因素

资料来源：M. Thomson, "Human Brands: Investigating Antecedents to Consumers' Strong Attachments to Celebrities," *Journal of Marketing*, vol. 70, no. 3 (2006), pp. 104-119。

① 参见 S. E. Schultz, R. E. Kleine, and J. B. Kernan, "These Are a Few of My Favourite Things: Towards an Explication of Attachment as a Consumer Behaviour Construct," Advances in Consumer Research, vol. 16, no.1 (1989), pp. 15-17。

② 参见 M. Thomson and A. R. Johnson, "Marketplace and Personal Space: Investigating the Differential Effects of Attachment Style across Relationship Contexts," *Psychology & Marketing*, vol. 23, no. 8 (2006), pp. 711-726。

③ 参见 M. Thomson and A. R. Johnson, "Marketplace and Personal Space: Investigating the Differential Effects of Attachment Style across Relationship Contexts," *Psychology & Marketing*, vol. 23, no. 8 (2006), pp. 711-726。

2.帕克提出的品牌依恋形成机制模型

以帕克为主的诸多学者对品牌依恋的形成机制做出了重要贡献:他们整合前人的研究结果,建立了较为全面的模型。在他们看来,当品牌的特点、价值与消费者的价值观和性格等自我概念吻合时,消费者与企业之间将建立某种联结。此时,品牌的资源将成为消费者自我评价的一部分,而这一部分既促使消费者购买企业产品,也可以帮助消费者丰富与实现自我。帕克进一步指出品牌在与消费者建立联结时向主体提供三种资源:享乐型资源、功能型资源和象征型资源。享乐型资源主要是指企业的产品为消费者带来的享乐或审美愉悦,从而使消费者实现自我满足;功能型资源把消费者与企业或品牌联系起来,增加消费者的自我效能感,增加消费者实现目标的可能性。象征性资源是指消费者在购买企业产品的过程中拥有了品牌特征资源,在此过程中,消费者实现了自我完善,甚至是达到了理想自我。在此模型中,品牌被消费者看作与自我相关的资源,这就产生了品牌依恋,以及随之而来的购买行为。除此之外,帕克还深化了前人的研究,结合消费者的品牌信任和品牌承诺,最终形成了较为完善的品牌依恋形成机制模型(见图 2-6)。

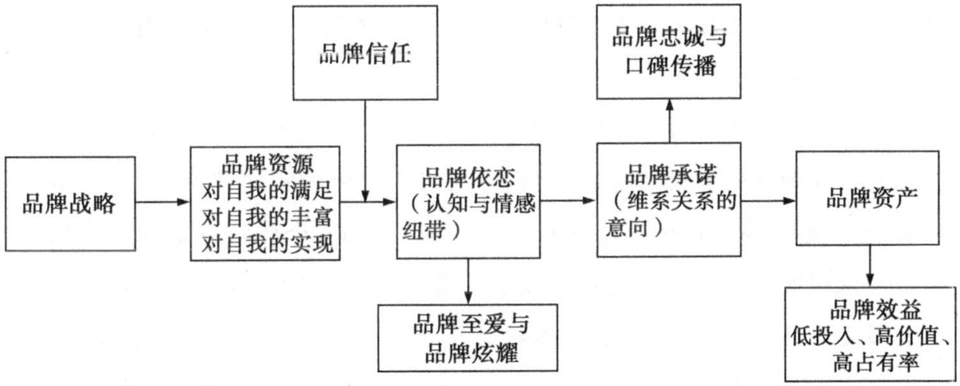

图 2-6　品牌依恋形成机制模型

资料来源:C. W. Park, D. J. MacInnis, and J. Priester, "Brand Attachment: Construct, Consequences and Causes," *Foundations & Trends in Marketing*, vol. 1, no. 3 (2006), pp. 191-230。

3.社会认同理论

部分学者将自我概念扩展到社会分类层面，用社会认同理论来解释依恋理论形成的机理。社会认同由社会分类和自我提升两个认知部分组成。首先，个体会根据人口统计学特征、情感以及价值观等将自己定位在一个特定的社会群体中，这个社会类别赋予的价值观或特点会转移到自我概念中，使其完成自我概念的定义。该理论认为，个体具有追求自尊（self-esteem）的内在驱动力，个体在与自己从属的群体互动的过程中形成了对群体内与群体外的比较，在这种比较下个体将得到比较优势，以此来获得积极的自尊，促进自我提升。①

自我提升是群体中的成员能够在这个群体中获得的对这个群体和自我的认可，并使其逐渐完善自我。为增强自我提升，成员将逐渐增加对群体内的认可，用积极正面的词语来形容自己及其所处的群体。为了更好地融入内群体，个体将增加与内群体的联系，重视自我提升。② 另外一个有利于成员自我提升的方法是通过将群体内成员与群体外成员进行类比，发现自我所在的群体无论是个体还是团体都比其他人或外团体优秀，对自我所在群体的良好评价也可以带来自我提升。同时，如果在内外两个相关群体的比较中，内群体优势明显，个体也容易在自我评价中夸大内群体与相关外群体的差距，会放大内群体和成员的优点以增强自我提升。

个体的社会认同对内群体的认知、情感以及行为产生重要的影响作用。当个体对群体的认同度较高时，他们将夸大对内群体的正面评价，表现出更强烈的喜爱，更愿意参考群体提出的意见与建议。因此，个体将更重视维持和改善个体与认同度较高的群体之间的关系。反之，当他们不认同某群体时，他们将努力孤立自己，将自己与这个群体隔离开来。在进行社会分类的过程中，自我提升较高的消费者将自己归入高能力、高利他动机以及高道德的群体中。若企

① 参见 M. A. Hogg, D. J. Terry, and K. M. White, "A Tale of Two Theories: A Critical Comparison of Identity Theory with Social Identity Theory," *Social Psychology Quarterly*. vol. 58, no. 4 (1995), pp. 255-269。

② 参见 M. A. Hogg, D. J. Terry, and K. M. White, "A Tale of Two Theories: A Critical Comparison of Identity Theory with Social Identity Theory," *Social Psychology Quarterly*. vol. 58, no. 4 (1995), pp. 255-269。

业在善因营销过程中表现出较强的能力、利他动机以及道德，自我提升较高的消费者为提升自我，将对内群体表现出较高的认同感，给予内群体更加积极的评价。在与企业进行互动时，他们更在乎维持和改善与企业的关系，因此将增强与品牌之间的依恋及其忠诚意愿。①

2.3.5　依恋风格对消费者行为的影响

虽然个体对他人及外物都有依恋的需求，但是个体在成长环境、个人认知以及情感需求等方面的不同，将导致他们具有不同的依恋风格。② 美国心理学家玛丽·爱因斯沃斯(Mary Ainsworth)在“陌生情景”实验方法下，考察婴儿在陌生环境中所做的情感反应和行为反应，并把婴儿的依恋类型分为安全型、抵抗型、回避型三种类型。③ 安全型依恋(secure-attachment)的婴儿与母亲有比较愉悦的互动，母亲的离开不会带来分离焦虑，他们只会在遇到紧张的情况或是危难的情形下才会回到母亲身边，寻找帮助和安慰。在与陌生人的交往中，也会因为母亲的鼓励而不会感到害怕，反而可以很好地与陌生人交流。抵抗型依恋(resistant-attachment)的婴儿表现出对母亲的严重依赖，往往喜欢赖在母亲身边，对外面的世界缺乏探索的渴望，外在世界对他们来说是不安全的，难以融入所有陌生人群或环境。母亲的离开让他们产生比较强的分离焦虑，母亲的回归又产生了既想靠近又想退缩的矛盾心理。回避型依恋(avoidant-attachment)的婴儿在人际交往上存在欠缺，往往趋于冷淡，哪怕是与母亲的交流也不是很顺畅，因而母亲对其影响不大，与母亲的互动也较少，独立性强。通过谢弗等的研究可以发现，安全型的人在任何环境下都较为安定与自在，他们可以轻易融入人群，信赖他人，对他人产生依恋；逃避型的人很难与他人接触，甚至抵触他人，在情感上则表现为缺乏安全感、不愿与人亲近，更难以对他人形

① 参见 N. Ellemers, R. Spears, and B. Doosje, “Self and Social Identity,” *Annual Review of Psychology*, vol. 53 (2002), pp. 161-186。

② 参见 P. R. Shaver and M. Mikulincer, “Attachment Theory and Research: Resurrection of the Psychodynamic Approach to Personality,” *Journal of Research in Personality*, vol. 39, no. 1 (2005), pp. 22-45。

③ 转引自 C. Hazen and P. R. Shaver, “Romantic Love Conceptualized as Attachment Process,” *Journal of Personality and Social Psychology*, vol. 52, no. 3 (1987), pp. 511-524。

成依恋；抵抗型的人占有欲极强，他们喜欢时刻有人陪在身边，与他人保持紧密关系。[①]

巴塞洛缪（K. Bartholomew）和霍罗威茨（L. M. Horowitz）对依恋类型进行了简化，指出个体对他人的依恋可以分为安全依恋型与不安全依恋型两种。不安全依恋类型主要指的是焦虑与逃避两种类型。安全依恋型的个体具有低焦虑和低逃避两种特征。他们根据这两种依恋类型的特征，将焦虑与逃避作为两个轴，将依恋关系分为四个向度，这四种依恋模式分别为：冷漠型、害怕型、安全型和沉溺型。[②] 冷漠型个体具有高逃避、低焦虑的特点；害怕型个体害怕与他人的亲密接触，具有高逃避、高焦虑的特征；安全型个体不排斥亲密感，对亲密状态感觉比较安全，具有低焦虑、低逃避的特点；沉溺型个体不回避亲密关系，但是比较有焦虑感（见图 2-7）。安全焦虑型消费者对自我的概念与自我评价表现得更为正面，他们不会过度追求亲密关系，也不排斥亲密状态，对适当的亲密感感到舒适。安全型消费者对自我概念的认知比较平稳，不会过多依靠外物或购买品牌来增强自我认识。所以他们会比较理性地处理个体与品牌之间的依恋关系。依恋焦虑型个体对外界物品依恋度较高，较容易对企业或产品品牌产生信任与依赖，并愿意参加与企业相关的活动。但是由于这种类型的消费者自我意识和自我概念具有不确定性以及模糊性，所以他们容易改变自己支持的品牌。[③]

---

① 参见 P. R. Shaver and M. Mikulincer, "Attachment Theory and Research: Resurrection of the Psychodynamic Approach to Personality," *Journal of Research in Personality*, vol. 39, no. 1 (2005), pp. 22-45。

② 参见 K. Bartholomew and L. M. Horowitz, "Attachment Styles among Young Adults: A Test of a Four-Category Mode," *Journal of Personality and Social Psychology*, vol. 61, no. 2 (1991), pp. 226-244。

③ 参见 M. Thomson and A. R. Johnson, "Marketplace and Personal Space: Investigating the Differential Effects of Attachment Style across Relationship Contexts," *Psychology and Marketing*, vol. 23, no. 8 (2006), pp. 11-26; K. Bartholomew and L. M. Horowitz, "Attachment Styles among Young Adults: A Test of a Four-Category Mode," *Journal of Personality and Social Psychology*, vol. 61, no. 2 (1991), pp. 226-244。

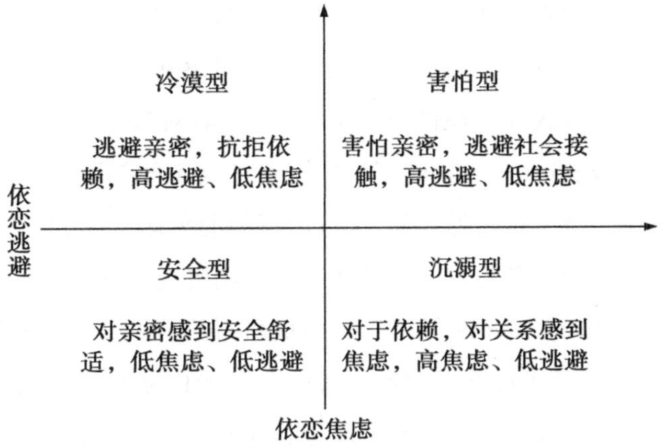

图 2-7　依恋焦虑与依恋逃避发展出的依恋类型

资料来源：K. Bartholomew and L. M. Horowitz, “Attachment Styles among Young Adults: A Test of a Four-Category Mode,” *Journal of Personality and Social Psychology*, vol. 61, no. 2 (1991), pp. 226-244。

根据谢弗和米库利茨(M. Mikulincer)的研究，依恋逃避风格的消费者坚持自我依靠，具有很强的独立性，坚持自我，对他人的信任感较弱，比较排斥与他人形成亲密关系。依恋逃避较强的个体在与他人互动的过程中，比较容易对关系对象产生负面的看法，因此很难与对方建立较强的信任感。在这种不安全感的状态下，依恋逃避型个体不容易与他人建立比较亲密的情感，在做决定和判断的过程中，会更多地依赖自我。[①] 在消费行为过程中，依恋逃避型消费者倾向于依赖自我认知，而非企业的宣传。他们对企业与品牌评价较低，会质疑企业的善因营销活动动机，并产生不信任感。因此，即便在喜欢的品牌面前，他们也不容易与企业建立起很亲密的情感。

2.4　文献评述

通过对文献的分析和研究可以发现，消费者善因营销响应的研究在国外已取

① 参见 P. R. Shaver and M. Mikulincer, “Attachment Theory and Research: Resurrection of the Psychodynamic Approach to Personality,” *Journal of Research in Personality*, vol. 39, no. 1 (2005), pp. 22-45。

得了一定成果，国内学者近几年也开始进行讨论与研究。国内外相关文献多是从消费者对善因营销的态度，包括消费者认知以及情感和行为来展开研究。总体来说，善因营销是一种双赢或多赢的营销策略，消费者对善因营销和其他亲社会行为持有正面态度。现有文献还论述了影响消费者响应的善因营销活动特征，包括企业的声誉、企业与慈善机构的匹配度、善因营销的承诺、选取的慈善事业以及产品角度等，分析了消费者参与善因营销活动的影响机制。现有文献在善因营销对消费者行为意向的影响方面取得了一定的成果，但仍然存在以下三点不足。

第一，鲜有文献能够对善因营销的特征和影响因素进行综合、系统的研究。多数文献是从善因营销的某个特征维度进行论述，如较多文献研究善因营销的匹配度对消费者的感知与购买意愿的影响。然而影响消费者购买意愿及其对企业或品牌的感知的因素很多，仅仅从单一维度对善因营销进行表述过于片面，容易导致研究结果的错误。

第二，现有文献关于消费者对善因营销感知的研究不够深入，多数文献是从归因理论来研究消费者对善因营销活动的感知。研究表明，当消费者对企业的善因营销归因于利他时，他们会表现出较高的参与意愿；但当消费者质疑善因营销的利他动机时，其效果可能会适得其反。说服知识理论（persuasion knowledge theory）可以验证归因理论在解释消费者善因营销感知方面的合理性。说服知识理论指出，消费者为防止自己被操纵，在善因营销某种说服知识比较匮乏时，会从善因营销活动的特征中寻找线索来对企业营销策略进行归因。但目前善因营销策略已被企业广泛应用，消费者已经深刻了解善因营销的内涵以及这种模式利己利他动机共存的特征，消费者可能会转变决策策略来最大化自己的利益，他们可能会通过评价产品质量以及价格来做出购买决策。[①]从以上分析来看，仅仅从消费者的动机感知来研究善因营销的响应已经不能完全解释其影响机制。

第三，现有文献关于消费者善因营销感知影响消费者忠诚意愿的机理的研究成果较少，研究焦点集中在消费者对采取此营销策略企业的态度上。但知行不合一的现象让学者和实践者对企业善因营销的态度能否最终带来消费者的

① 梁静：《基于说服知识应用的消费者购买决策行为研究》，《经济论坛》2015年第6期。

购买以及持续购买存在很大质疑。消费者忠诚意愿不是简单的物质交换，是更高层次的交换，需要消费者为此做出资源的牺牲。与消费者的满意度相比，消费者依恋这一多维构念可以更加准确预测消费者的忠诚意愿。① 一方面，消费者可以通过与品牌联结进行自我交流、自我认识与自我提升；另一方面，消费者依恋又是以关系为基础的充满强烈情感的心理表征。② 当消费者处于这种理性与感性并存的依恋状态中时，他们将对依恋对象进行长期投入。虽然消费者依恋对行为的预测已在很多领域被加以论证，但在善因营销情境中并未得到验证。

2.5　本章小结

本章对研究涉及的概念和理论进行相关检索和整理，对善因营销内涵、善因营销对消费者响应的影响、影响消费者响应的善因营销特征以及善因营销对消费者响应的影响机制等进行了文献梳理，对刻板印象内容模型、品牌感知以及品牌意图能动框架进行了阐述，继而对消费者依恋的来源和内涵、消费者依恋对消费者行为的影响、消费者依恋形成机制以及依恋风格对消费者行为的影响进行了梳理和说明。本章对研究模型所需概念和理论进行的文献梳理，为后续的理论框架构建和机理分析提供理论依据。

---

① 参见 C. W. Park, D. J. Macinnis, and J. Priester, "Brand Attachment: Construct, Consequences and Causes," *Foundations & Trends in Marketing*, vol. 1, no. 3 (2006), pp. 191-230; S. Youn and H. Kim, "Antecedents of Consumer Attitudes toward Cause-Related Marketing," *Journal of Advertising Research*, vol. 48, no. 1 (2008), pp. 123-137。

② 参见 C. W. Park, D. J. Macinnis, and J. Priester, "Brand Attachment: Construct, Consequences and Causes," *Foundations & Trends in Marketing*, vol. 1, no. 3 (2006), pp. 191-230; J. H. Holmes and C. J. Kilbane, "Cause-Related Marketing: Selected Effects of Price and Charitable Donations," *Journal of Nonprofit & Public Sector Marketing*, vol. 1, no. 4 (1993), pp. 67-84。

第3章 理论框架与研究假设

第三章主要分为以下三个部分:第一,使用深度访谈研究方法,基于扎根理论,对善因营销活动特征的维度进行提炼;第二,通过文献梳理和理论分析,提出善因营销活动特征影响消费者忠诚的研究模型;第三,对研究变量之间的关系进行梳理,提出本书的相关假设。

3.1 善因营销活动特征的提炼

3.1.1 基于扎根理论和深度访谈的分析

李怀祖指出,扎根理论是质化研究的一种方法,它通过系统收集资料、严谨操作步骤、寻找核心概念,再在这些概念间建立联系,最后形成理论。① 使用扎根理论进行建构前,研究人员通常不对研究资料提出预判和假设,而是带着问题对研究资料进行梳理、归纳和总结,进而形成理论。扎根理论要经过烦琐的资料整理工作,从原始材料中抽取范畴,再经归纳、演绎来构建理论,因此扎根理论也被称为"理论构建和实证研究之间的必经之路"。

深度访谈能够帮助研究人员了解消费者的行为和态度,基于现实中发生的情形对消费者进行访谈,可以更确切地搜集资料。因为访谈过程中,研究人员

---

① 参见李怀祖:《管理研究方法论》(第二版),西安交通大学出版社2004年版,第158～160页。

可以快速准确了解消费者的所思所想。深度访谈重视的不是访谈数量，而是访谈质量，研究人员通常情况下会列出一个具体的研究问题或者研究主体，通过规范步骤进行操作，这就是经常说的"半结构化深度访谈"(semi-structured interview)。半结构化深度访谈的操作步骤是：首先，确定研究主题的开放式问题和结构化问题；其次，邀请被试者对特定问题进行回答，对开放式问题进行阐述，通过询问和鼓励等多种方式，尽可能多地获取被试者的回答；最后，对所有被试者的回答进行归纳梳理。半结构化访谈过程其实是各个步骤同时进行的，从数据的收集和分析，到在此过程中的调整，这是一个递归循环的变化过程。①

深度访谈和扎根理论各自的特点决定了两者可以很好地匹配起来。通过深度访谈，研究人员可以获得大量的原始语音资料和文本资料；同时，通过扎根理论这一研究方法，研究人员可以抽象范畴，提炼构念，进而提升理论。这样得到的理论能够反映社会现实，并且不受理论框架限制。

本书通过深度访谈的方法搜集原始资料，主要的原因是，我国学术界对善因营销的关注起步较晚，虽然有部分学者对其做了规范和实证研究，但是在经验研究方面文献仍然较少，几近空白。本书探索的问题是，消费者对善因营销活动的感知心理过程以及影响消费者感知的善因营销活动特征。为囊括影响消费者感知的所有善因营销活动特征，研究人员不能提前预判和假设。因此，选择深度访谈是合适、恰当的方法。本书以消费者为对象，在深度访谈过程中采用了半结构式的访谈，获取了充足的原始资料；使用扎根理论，通过严谨的步骤和操作，对这些原始资料进行了处理。

3.1.2　访谈设计

首先，通过梳理善因营销研究相关文献、讨论本书的研究问题，得到访谈提纲；然后抽取 10 位被访谈者进行预访谈，通过他们对访谈过程和访谈提纲的反馈，进行细微调整，最终形成本书的正式访谈提纲，主要问题有以下 10 个(见表3-1)。

---

① 参见李怀祖：《管理研究方法论》(第二版)，西安交通大学出版社 2004 年版，第 158～160 页。

表 3-1 访谈问题

	问题
1	个人特征：职业、受教育程度、兴趣爱好。
2	您认为什么是企业的善因营销活动？
3	您认为企业参与什么样的活动可以被认为具有慈善目的？
4	您能否列举一些企业举办的善因营销活动？
5	为什么这些善因营销活动让您感觉到了情感依恋？
6	您喜欢这样的企业吗？
7	您觉得进行善因营销的企业是好企业吗？
8	企业的哪些行为是违背善因营销一致性的？
9	您怎么看待参与慈善营销活动的企业？
10	您觉得现在的企业进行善因营销时需要注意什么？

由于对善因营销的讨论调研过程涉及企业道德这类较为敏感的话题，所以调研者进行访谈时要非常注意说话的语气和态度。本书的访谈设计经过了调研小组成员的多次讨论，咨询了有关方面的专家，最后确定了严谨的调研步骤。本书的调研为了减少被调研者的心理压力，调研地点都是被调研者较为熟悉的场所，比如被访者的家里、被访者经常出入的咖啡馆，或者被访者的办公室。因为这些环境能够帮助被访者感觉轻松、自由，在这样的环境里交流，能够获得他们的信任，并且能够获取更真实的信息。每次访谈开始时，首先告诉被访者本书的研究是为了了解他们对一些问题的看法，看法本身是没有对错之分的，由此放松他们的戒备心理，同时鼓励他们畅所欲言。在访谈过程中，当对话出现了一些模糊表述时，访谈人员会对研究问题进行调整，比如要求被访者解读一些消费者表现出来的行为，这样能够排除更多的误差。使用各种方法让被访者开放地、真实地回答问题，可以大幅降低误差至可以容忍的范围。

通常情况下，质化分析由以下六步组成。

第一步：通过面对面方式争取被访者的同意，说明情况，然后开始全程录音。事先准备好访谈提纲，但是整个访谈过程中要根据现实情况进行调整，整个过程中保证被访者放松、自由的状态。每一位访谈者结束访谈后都尽快整理录音以及访谈中的笔记。研究人员同时整理、分析、归纳收集来的数据。这样做的好处在于，不至于因为时间推迟而忽略一些细节，也能在集中快速整理资料的过程中对问题进行集中思考。此外，还能从每一次整理资料的过程中总结经验和不足，这样可以把优点运用到下一次的访谈过程中，也能在下一次访谈中回避前一个访谈出现的失误和不足。

第二步：对访谈资料进行初步整理，即对资料进行初步编码。首先将访谈对象编号为 1～30，然后对访谈形式进行编号，个人访谈和小组访谈分别编号为 A 和 B，接下来对访谈中的段落进行编号，最后对整句话进行编号，这样得到的编号就是 A-N-N。比如，A-1-1 即代表回答的第一个意群第一个段落中的第一句话。在这里注意，断句的时候是按照句子的意思来进行断句的。

第三步：形成类别或范畴。形成自然类别的基本步骤是：通过对文本资料的处理分析，采用开放式编码的程序，把文本资料中在内容和性质两方面均相似的文本小单元聚合在一起，对文本中与本书主题无关的文本小单元进行删除。为了不影响被访者的态度和情绪，当被访者就其他主题侃侃而谈的时候，访谈者也没有打断，而是让被访者继续畅所欲言，所以要删除文本中与研究主题——善因营销活动不相关的文本小单元。另外，当文本中有些单元文字确实无法在研究主题下顺利形成期待的自然类别时，本书的处理方法是，重新审视本次归类的逻辑性和合理性，如果需要做出改变，则进行适当的调整，但是如果逻辑性和合理性都没有问题，就对被访者进行电话回访，请他们回忆当时想表达的观点，对原有观点和文本进行补充。

第四步：进行关联式编码，将已经归纳得到的自然类别归置到本书的问题中。具体包括影响消费者感知的善因营销活动特征、消费者对企业善因营销活动的感知、消费者对善因营销企业的情感联结。本书进行关联式编码的目的是方便在各个类别之间找寻关联性，以便最后发展出合理的观点。

第五步：进行合理的理论建构。首先在核心编码中对相关问题、相关思想进行初步整合，核心编码是扎根理论研究工作的重点，核心编码过程能够帮助研究人员形成具有创新性的理论框架。

第六步：进行及时的效度检验。扎根理论认为，资料的收集与抽样工作要持续到范畴的资料达到“理论性饱和”为止。理论饱和度高说明当前的文本数据不能再展示核心理论的新属性，也不能产生新的见解，所以类属饱和，用通俗易懂的话来说就是没有新的东西出现了。质化分析过程步骤总结见表3-2。

表3-2 质化分析过程

	步骤
1	录音及笔录
2	单位切割、编码
3	形成自然类别
4	将不同类别置于相应研究问题中
5	理论建构
6	效度检验

3.1.3 访谈数据收集

对于质化分析来说，最重要的是质化分析的质量，而不是质化分析中的数量问题。在研究过程中，只有质量高并且非常深入的访谈才可以成为质化分析的基础材料。为了获得这样的基础材料，笔者对30个研究对象进行深入访谈，采取的形式有两种：面对面深入访谈（编号A）、小组焦点访谈（编号B）。访谈的目的是了解被访者对企业善因营销活动的态度，包括他们的看法，通过深入解析被访者的回答，归纳被访者对善因营销活动所释放信息的处理过程。挑选被访者意味着从数据收集开始，在数据收集阶段，首先考虑的是消费者具有不同的消费习惯，所以对被访者的选择也要考虑这个因素，这样能够保证数据收集的普遍性。因此，笔者选择的被访者是具有不同消费习惯和生活习惯的人，被访者的来源主要有以下五种。第一种是笔者身边的亲人和朋友。第二种是采用滚雪球的方式，请身边的亲人朋友介绍他们的亲人和朋友。第三种是硕士研究生和博士研究生同学，这些同学普遍具有较高的文化知识水平，长期在研究领域内学习，对问题也容易把握并表述清楚。第四种是在山东大学攻读MBA学位的学生，这部分受访者通常来自企业的中高管理层，除工作身份以外，他们还具有两种身份：一种是普通的消费者，另一种是某企业产品或服务的提供者。本书选择他们作为访谈对象，能够保证访谈内容的代表性和有效性。第五种是笔者通过微信、QQ 等社交媒体联络到的访谈对象。首先告知他们访谈的目的与内容，征询他们是否愿意接受访谈；其次，和他们约定接受面对面深度访谈的地点和时间。通过以上五种方式，笔者共确定深度访谈对象 30 位，他们的个人基本信息如表 3-3 所示。

表 3-3　深度访谈对象信息

	称呼	年龄层(岁)	职业	访谈时间(分钟)	访谈形式
1	孙女士	27～35	高校教师	29	个人
2	张女士	46～55	律师	45	个人
3	贾先生	27～35	博士研究生	32	小组
4	朱先生	27～35	博士研究生	40	个人
5	李先生	36～45	高校教师	35	个人
6	张先生	27～35	创业人士	47	个人
7	刘先生	18～26	硕士研究生	33	个人
8	辛女士	18～26	博士研究生	40	个人
9	陈先生	27～35	银行职员	37	个人
10	李先生	27～35	政府部门职员	43	小组
11	刘女士	36～45	国企老总	39	个人
12	苏女士	27～35	行政人员	42	个人
13	李女士	27～35	跨国公司职员	32	个人
14	王先生	46～55	高校教师	50	个人
15	周先生	27～35	通信公司职员	38	个人
16	牛先生	27～35	研发人员	40	个人
17	姬先生	36～45	行政人员	47	个人
18	郭女士	27～35	洗护企业市场人员	53	个人
19	王女士	27～35	食品制造企业职员	33	小组
20	张女士	36～45	国企财务人员	49	个人
21	朱女士	27～35	证券公司销售人员	34	个人
22	安女士	27～35	物业公司职员	32	小组
23	张先生	18～26	硕士研究生	31	个人

续表

	称呼	年龄层(岁)	职业	访谈时间(分钟)	访谈形式
24	黄先生	36～45	外贸公司高管	55	小组
25	潘女士	46～55	家庭主妇	48	小组
26	向先生	36～45	公司高管	35	个人
27	毕女士	36～45	公司管理人员	50	个人
28	杨女士	46～55	民营公司老总	37	个人
29	司女士	46～55	民营公司老总	60	个人
30	罗先生	46～55	信用社经理	50	小组

注：表中“职业”包括硕士研究生和博士研究生。

访谈对象中有21位受访者的年龄区间为27～45岁，这个年龄区间的受访者属于中青年时期，占被访者总数的70%。这个年龄区间的消费者有一定的社会阅历，对于社会问题以及企业的营销策略都有深刻的认识，因此受访者的观点和文本资料针对善因营销问题较有代表性。

3.1.4 范畴提炼

初步通过开放式编码处理文本资料后，再对文本资料进行核心编码。初次分析是对当下完成的某个访谈进行文本分析，总结经验和教训运用到下一个访谈和下一次文本分析中。当所有的数据资料收集完毕后，再对其进行最终的文本分析。扎根理论的数据分析过程是一个循环往复的过程，需要对文本资料进行详细反复的阅读、论证和编码，并根据研究主题对其进行提炼、归纳、分类。以上步骤可能会反复进行，有时甚至会推翻之间的结论，需要重新编码。

1.开放式编码

扎根理论中，初级编码又被称为开放式编码，初级编码的作用是对文本资料即当次调研录音后整理的资料进行逐字逐句记录，从而能够在开放式编码中发现初始概念。具体的操作是严格按照编码步骤，整理录音时首先将被访者讲述的整句话作为标签，进行逐句编码，这样做的好处是可以最大限度地避免信息遗漏。文本资料全部整理完成后，随机抽取23个访谈文本进行第二步编码，即范畴概括或范畴提炼，剩下的7个文本用于检验本书扎根研究的理论饱和度,下面列举了善因营销活动特征初始概念的范畴提炼过程。

(1)企业善因营销活动投入度

在初始访谈中,发现消费者对企业善因营销活动的投入度极为关注。他们认为企业善因营销活动的投入度是极为重要的一项衡量指标,投入度体现了企业在经济和精力上对慈善活动的真实付出,一些大张旗鼓却没有做实事、投入资金精力较少的公司,投入度表现较差,而在投入度上具有非常好表现的企业将得到消费者的钦赖。

> 我印象比较深刻的企业是联想公司,因为我热爱电子产品,所以平时比较关注这类企业,对联想公司关注也很多,得到的信息也很多,他们家的电子产品比如笔记本、台式机和键盘配件,因为是国货,非常适合国人使用。除此之外,联想帮助贫困地区辍学儿童,为他们修建学校、捐赠桌椅和电子产品。我觉得企业的这种做法非常好:首先是重视教育,这是对社会有利的事情;其次是捐赠自己企业的产品,让人觉得,它就是在自己能力范围内做事情,把自己生产的产品捐赠一部分,真的是挺实在的事情。因为我长期关注电子产品,联想的公益营销活动也会发到我们经常逛的论坛上,我会去看一下联想这么大的企业到底是捐赠了多少钱,也会去他们的官网或公益项目网站留意一下他们到底有没有在报道捐赠的钱的真正去向。这个企业每年都会公布一些慈善活动信息,我很想知道,他们是为了作秀,还是做这个活动有持续性。
>
> ——牛先生

由这段回答可以看出,企业对善因营销活动的真正投入,比如在资金和时间方面的投入,都在接受消费者的监督,消费者非常关心企业在善因营销活动中真正投入的内容。

(2)企业善因营销活动一致性

与这些被访者深入交流发现,消费者关注的不仅是企业对善因营销活动的投入度,他们还关注企业投入与企业能力的一致性、企业本次投入与以往投入的比较、企业与其他企业投入水平的比较以及企业宣传和后期的监督水平。

我和我爱人都比较关注企业的善因营销活动，因为我们都在企业的市场营销部管理层，对于这类问题也思考了很多。我的观点是：企业的善因营销活动必须与自身的实力相当，大企业做小事情，小企业做大事情，都让人质疑它做事情的诚意。换句话说，咱老百姓经常说，有钱出钱有力出力，凭什么到了企业这里就不是这样呢？另外，企业做善因营销活动也要有持久性，这种事情，有的企业爱大肆宣扬，有的企业则靠第三方媒体宣传，照我看来，企业只有靠第三方媒体宣传，才能取得双赢的效果。既然是这样，那么慈善活动的持续性是必须达到的，不能说今年一口气出了一大笔钱做慈善，明年就用很少的钱去做事情，那人家也会怀疑企业的诚意，对不对？我和我爱人所在的集团公司近期打算做这方面的工作，集团公司向我们分公司征集意见，我提的就是我们的善因营销活动得和我们公司的实力相当，而且要做一个长期的计划，不能做一年再不做一年，这样对公司的影响太不好了。

——黄先生

由以上可以看出，企业的善因营销活动不能与企业的经济实力相违背，不能出现“大企业做小事情，小企业做大事情”这种情况，消费者对此往往比较敏感，这也会引起他们的质疑。当企业的善因营销活动与企业的自身实力达成一致，当企业对善因营销活动的以往投入与近期投入达成一致，我们就能发现，消费者乐于接受这样的善因营销活动，对企业的印象也将逐步提升。

(3)企业善因营销活动适时性

企业善因营销活动适时性是一个重要而敏感的话题。企业选择善因营销活动的时机非常重要，选择一个好的时机，能够在消费者心里树立起企业的良好形象。

说起企业的善因营销活动，我就想起王老吉和另外一个企业的例子。王老吉是非常厉害的，汶川地震刚刚发生，这个企业就立刻做出了反应，我感觉这个企业是非常敏感和非常有道德的。但是另外一个企业在那次的表现就需要改进，虽然后来捐了很多钱，但大众还是一片骂声。像地震这种事情，很容易刺激民众的情绪，所以什么时候捐钱、捐多少钱，都是非常敏感的。

——刘先生

企业善因营销活动适时性非常重要。当企业的善因营销活动时机合适，将收到事半功倍的效果；如果企业选择的时机不合适，即使后期再花费时间精力去弥补，也很难赢得消费者对其产品的购买意愿。

(4)企业善因营销活动匹配度

企业的善因营销活动与产品是否匹配、与产品所在行业是否匹配、与企业的自身形象是否匹配，影响着消费者对企业的看法和认知。下面这位女性消费者就是关注企业善因营销活动匹配度的代表。

> 我之前一直在用雅芳的产品，也算比较了解这个品牌，之前也一直去他们店里做护理，看到过他们做慈善活动宣传防治乳腺癌。我对这个产品还是非常有好感的，虽然它现在退出了中国。雅芳是经营护肤品的公司，客户几乎是女性群体，他们抓住了女性乳腺癌疾病这个点，强调学习防癌知识，学习女性护理知识，我个人感觉这是非常棒的，也非常契合他们公司的形象。当时这个宣传用的是粉红色丝带，在店里看到，后来我还去听了讲座，非常感动，真真正正给了我们关怀，不再只是宣传产品，这种善因营销活动我个人是非常接受的，不觉得抵触。我买你家的产品，从你家学到一些知识，或者你们为我们这些消费者搭建一个平台，对企业来说，是双赢的活动。
>
> ——苏女士

被访者对于企业善因营销活动的要求是：企业善因营销活动与产品所在行业相关，企业善因营销活动与企业的自身形象匹配。这样令消费者感知到企业能够在自身能力范围内真正做好慈善事业，而不是跨越行业做一些企业不擅长的事情，让人感觉到其善因营销活动并不是与企业息息相关，单纯是为了作秀。综上所述，笔者将初始编码进行汇总，得到了善因营销活动特征的主范畴(见表3-4)，并验证了消费者感知的三个维度——能力感知、利他动机感知和道德感知，以及消费者依恋、依恋逃避、自我提升和忠诚意愿等概念。

表 3-4　善因营销活动特征的主范畴及其解释

	主范畴	范畴解释	原始资料语句
1	企业善因营销活动投入度	企业善因营销活动的资金投入、宣传力度、善款投入透明度和活动持续性	A-1-2 网络上的很多商家也在用这种方式，但是仅仅写了一行字，没有更多的宣传和更多的信息 A-1-3 很多厂家根本就没有投入精力来做这件事情，几行简单的描述没有让我感到诚意，感觉（他们）没有付出多少努力 B-1-2 宣传出去后，都没有下文了，没有后续的监控，感觉有些不靠谱 A-4-1 一些企业，比如说农夫山泉，一直坚持用这种善因营销的方式，这样很好，很少有企业能一直坚持下去 A-1-5 联想在自己的官网上就有公益项目的信息，会报道捐赠资金的真正去向 A-7-1 你今天说的几个案例，我都不了解，我觉得宣传不够到位，还没有深入人心
2	企业善因营销活动一致性	企业善因营销活动投入与企业能力匹配程度、企业的善因营销活动投入与以往投入的比较、企业的善因营销活动与其他企业的比较、企业的宣传力度和实施监控力度	A-1-6 有时候电视上宣传得很好，比如这个企业，要建多少学校，要投资多少物资，大企业我可能会相信，小企业哪有那么多的资金呢？就很容易让人质疑它的真实性 B-1-8 我补上几句，我觉得企业既然要做慈善活动，就得有持续性，三天打鱼两天晒网，你这不是唬人吗？ A-4-9 当时买联想笔记本电脑的时候，他们店里就有这个宣传，给小学捐了多少书，捐了多少电脑之类的，因为我爱人是在教育行业，她回来查了查，近些年都在做，我们就觉得这个企业还是很靠谱的 A-5-1 另外一个企业比王老吉捐的少多了，显得不够有诚意，感觉是被动捐款

续表

	主范畴	范畴解释	原始资料语句
3	企业善因营销活动适时性	企业善因营销活动的反应速度、有无产品危机	A-7-1 我印象深刻的就是这个企业的事了，那么大的企业，你说汶川都那么大地震了，你不捐，说得过去吗？ B-2-3 我以前用雅芳的产品，后来有个其他系列的产品出问题了，我就不再去他们店里了，觉得它以前的女性慈善活动都是在作秀 B-4-2 我会质疑之前出现产品危机企业的善因营销活动，连最基本的道德都没有，生产出害人的产品，它怎么可能真的会做对社会有益的事情 B-3-3 太多企业就是迫于压力，看其他公司都捐款了，不得已去做
4	企业善因营销活动匹配度	企业善因营销活动是否有功能契合和形象契合	A-1-6 化妆品公司关注女性健康问题挺合适的，但是一些公司行业跨度较大，去做这个活动，不太合适吧，还不如捐点自己生产的东西 B-6-2 企业做慈善和明星做慈善都是一样的，都是噱头，但是看这个噱头怎么做。可以给自身形象加分的，就是双赢 A-5-4 我看这些慈善广告的时候，感觉那些捐助自己生产的产品的企业是摸得着的，不是瞎说的
5	能力感知	消费者感知到的企业的综合实力	A-1-3 淘宝上一些企业只是在页面中简单陈述它将每笔交易的部分利润捐给某慈善机构，企业的这种低投入让我觉得它根本没有能力去帮助他人 B-3-4 有些企业是在其他企业对某种灾难性事件响应后很久才做出反应，这样的企业肯定没有专门的公共关系部门去处理这些事情 A-3-4 我之前购买东西的淘宝商家，它的销售额很少，如果把那部分利润拿来出来捐赠，我真不知道它还怎样进行再生产

续表

	主范畴	范畴解释	原始资料语句
6	利他动机感知	消费者对于善因营销利他动机的归因	A-1-6 我不相信那些没有宣传过的善因营销活动真正把资金投入慈善事业，企业的营销目的就是提高消费者对产品或品牌的认知度，这样的企业以为善因营销是灵丹妙药，希望通过它提高自己的销售额，但没有领会它的内涵 B-2-4 很多大企业在很多方面的慈善事业中都有投入，比如微软在很多慈善领域都有涉足，我觉得这就不仅仅是为了企业，的确是在回报社会
7	道德感知	消费者对于开展善因营销活动企业的道德评价	A-1-5 有些企业在发生产品危机之后，采取慈善捐赠，我觉得很不可信，它们都能违法，怎么可能是利他的呢？ A-6-4 之前说的比尔·盖茨，他持续性地做慈善，这样的人担任 CEO 的企业对待员工以及社会肯定是发自内心的
8	消费者依恋	消费者与企业之间的情感联结	B-4-7 感觉这种人是我的一个学习榜样，我觉得自己也要从各方面提高，努力成为这样的人 A-7-5 我觉得这些企业在一定程度上与人有很多共同的地方，比如说帮助他人等
9	依恋逃避	在与他人或外物互动过程中排斥亲密交往的程度	A-3-7 我不喜欢企业过于热情，我有自己的选择权 A-8-6 有时候企业的一些活动让人感觉压力很大 B-1-6 企业太热情，我就感觉被绑架了
10	自我提升	在与他人或外物互动过程中，希望得到积极正面评价，并提升自我	A-1-8 帮助别人的时候，就是很开心，有种实现自我价值的感觉 B-1-3 我觉得每个人都有被需要的需求 A-1-9 其实帮助别人内心是很愉悦的，感觉自己有价值

续表

	主范畴	范畴解释	原始资料语句
11	忠诚意愿	消费者对品牌持续的喜爱和投资的意愿	A-9-7 我肯定喜欢这种会帮助他人的企业 A-9-6 如果价格差的不是太多的话，我会持续购买 A-1-9 如果品质都能保证的话，我肯定会向别人推荐，不会太在意一点点的价格溢价

2.核心编码

经过初始的开放式编码后，进入核心编码阶段。该阶段的任务是对之前得到的主范畴进行再次提炼，发展出更为深入的理论框架，这样可以把“破碎的故事重新编织在一起”。

本书共完成了 30 个深度访谈。访谈重点是了解消费者对于企业善因营销活动的看法和态度，从而试图归纳出消费者对企业善因营销活动的关注中心。整理访谈内容，得到初始编码，将消费者对于企业善因营销活动的关注信息分为四个部分，分别开发量表。量表采用李克特 7 级评分法，1 分和 7 分分别代表被访者的态度是“完全反对”和“完全同意”。为了让被访者了解什么是“企业慈善活动”，笔者在问卷中设计了情境，并用真实案例辅助了解，然后小范围发放问卷，进行预调研。为了验证开发的量表是否合理，对收回的问卷进行探索性因子分析，通过对以上访谈的整理和对范畴的提炼归纳，将善因营销活动的初始题项和维度整理如下(见表 3-5)。

表 3-5 善因营销活动初始量表

维度	编号	初始题项
投入度	1	该企业对于公益事业的资金投入度高
	2	该企业对公益事业付出的时间和努力多
	3	该企业提供给消费者的公益事业信息很多
	4	该企业向消费者提供明确的捐款去向
	5	该企业对公益事业进行长期关注

续表

维度	编号	初始题项
一致性	1	该企业对公益事业的投入与企业的能力成正比
	2	该企业近期对公益事业的投入与以往的公益事业投入一致
	3	该企业此次在公益事业中的投入与类似企业的投入一致
	4	该企业的宣传力度与后期的监督力度一致
适时性	1	该企业在自身产品出现问题时进行该公益事业是不含作秀成分的
	2	该企业在重大灾害发生时立即进行慈善捐助是不含作秀成分的
	3	该企业在正常经营情况下开展公益事业，是在履行社会责任
匹配度	1	看到该企业所在的行业（个人护理），会想到企业所支持的公共事业（孩子的温饱和健康）
	2	想到该企业，会想到孩子的温饱和健康
	3	可以把该企业与中国青少年发展基金会（非营利组织）联系起来

根据“刺激—反应”模型，消费者的行为是对外界刺激的反应，消费者通过环境的刺激对外界事物做出认知评价并产生行为结果。在善因营销情境中，环境的刺激主要是指善因营销活动的特征，即投入度、一致性、适时性、匹配度。

根据态度理论中的“认知—情感—行为”模型和“认知评价—情绪反应—行为意向”框架[①]，消费者对参与善因营销活动企业的认知是形成消费者忠诚意愿的基础，它通过激发消费者自身的情感来产生消费者的行为意愿。本书以“善因营销活动特征—消费者对善因营销活动的感知—消费者依恋—忠诚意愿”为研究主轴，综合前述文献梳理、理论基础分析和扎根理论总结出本书的理论模型（见图 3-1）。

① 参见 I. Ajzen and M. Fishbein, *Understanding Attitudes and Predicting Social Behavior*, New Jersey: Prentice-Hall, 1980; R. P. Bagozzi, K. Lee, and M. F. Van Loo, “Decisions to Donate Bone Marrow: The Role of Attitudes and Subjective Norms across Cultures,” *Psychology and Health*, vol. 16 (2001), pp. 29-56。

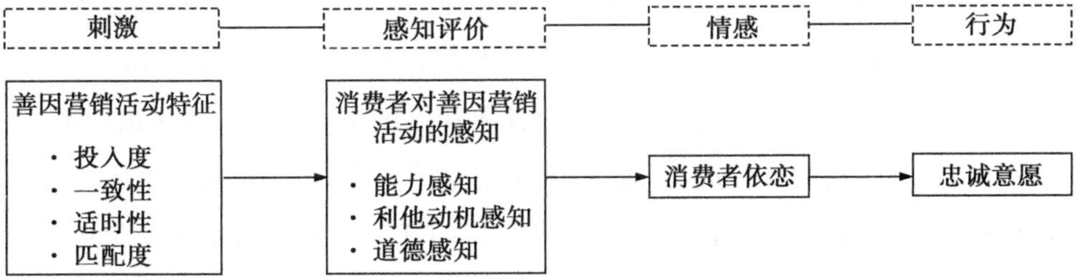

图 3-1 本书的理论模型

3.2 提出研究假设

3.2.1 善因营销特征影响消费者感知的相关假设

1.投入度与消费者感知的相关假设

根据文献梳理以及深度访谈得出，善因营销活动的投入分为资金投入和精力投入。其中精力投入水平包括善因营销活动的宣传力度、善款使用的透明度以及活动的持续性。根据企业联想理论(corporate associations)，消费者在对企业的善因营销活动做出反应时，会倾向于提取出存在记忆中的企业和产品等相关信息内容。消费者根据得到的知识和信息构成记忆的节点对企业的行为做出认知评价。这些信息不仅包括该企业的产品属性，还包括其他非产品属性。在善因营销活动情境中，企业对此活动的付出，包括资金、时间、努力等都是企业展现出来的信息，它们将在消费者大脑中构成记忆节点，这些是消费者对企业进行认知评价时会联想到的信息结块。学者们也发现，承诺或实际投入时间长短和投入实际是影响消费者感知企业社会责任的重要因素。[①]

企业能力理论中的资源基础论表明，企业是各类资源和能力的结合体，它们

① 参见 M. E. Drumwright, "Company Advertising with a Social Dimension: The Role of Noneconomic Criteria," *Journal of Marketing*, vol. 60, no. 4 (1996), p. 71; D. J. Webb and L. A. Mohr, "A Typology of Consumer Responses to Cause-Related Marketing: From Skeptics to Socially Concerned," *Journal of Public Policy & Marketing*, vol. 17, no. 2 (1998), pp. 226-238。

共同组成企业的核心竞争力。[①] 企业对善因营销活动的资金投入在一定程度上反映了企业的财务水平和能力。企业的宣传力度(intensity of communication)是指企业在将善因营销活动传播给消费者和其他民众的过程中所付出的努力。企业善因营销活动的宣传成功既需要大量资金的投入,也需要优秀的人力资源战略部署以及与媒体和其他利益相关者良好的互动。善因营销活动信息透明度的核心是消费者通过获得其参加的善因营销活动的资金、物品利用情况等信息,起到监督企业社会责任行为的作用。[②] 善因营销活动后期的监督更是考验企业对善因营销活动精力投入的重要环节,企业对善因营销活动在资金、时间、努力程度上的付出反映了企业的综合能力。因此,善因营销活动投入度的增强将提高消费者对参与善因营销活动企业的能力感知。

多数学者从归因理论来研究消费者善因营销响应的机理。企业对善因活动事业的承诺被认为是消费者评价企业动机的线索和依据。消费者倾向于将短期的资金投入理解为企业提升经济利益的权宜之计。[③] 部分学者也将捐赠时企业付出的努力视作评价企业参与善因营销活动的动机。艾伦(P. S. Ellen)等的研究表明,与现金捐赠相比,消费者对产品捐赠行为给予更多的利他动机归因,因为企业在捐赠产品时付出的努力更多。[④] 更有学者指出,企业过小额度的捐赠会被消费者视为对慈善事业以及非营利组织的榨取和剥削。[⑤] 所以,企业善因营销活动投入度的提高将增强消费者对参与善因营销活动企业的利他动机归因。

企业道德是指导企业生产和经营管理过程的行为准则和道德规范。[⑥] 我国

① 参见谷奇峰、丁慧平:《企业能力理论研究综述》,《北京交通大学学报》(社会科学版)2009 年第 1 期。

② 参见王颖晖、丁红伟:《善因营销信息透明度与消费者品牌态度关系研究》,《消费经济》2014 年第 3 期。

③ 参见 D. J. Webb and L. A. Mohr, "A Typology of Consumer Responses to Cause-Related Marketing: From Skeptics to Socially Concerned," *Journal of Public Policy & Marketing*, vol. 17, no. 2 (1998), pp. 226-238。

④ 参见 P. S. Ellen, L. A. Mohr, and D. J. Webb, "Charitable Programs and the Retailer: Do They Mix," *Journal of Retailing*, vol. 76, no. 3 (2000), pp. 393-406。

⑤ 参见 L. A. Mohr, D. J. Webb, and K. E. Harris, "Do Consumers Expect Companies to Be Socially Responsible? — The Impact of Corporate Social Responsibility on Buying Behavior," *The Journal of Consumer Affairs*, vol. 35, no. 1 (2001), pp. 45-72。

⑥ 参见魏新强:《国内企业道德研究综述》,《区域经济评论》2010 年第 2 期。

部分学者对企业道德的解读包括三个层次，虽然不同学者对层次划分的具体内容有不同的认识，但大部分学者把法律责任归属于企业道德的最基本层，中间层包括保护员工的合法权益、依法纳税等，企业对慈善等公益事业或环境保护等方面的支持则大多被归为企业道德的最高层。① 前文指出，企业在善因营销活动过程中的高投入将增强消费者对善因营销活动企业的利他动机归因，而利他行为属于企业道德的最高层次。因此，企业善因营销活动投入度的提高将增强消费者对参与善因营销活动企业的道德感知。

基于此，本书提出以下假设(见表 3-6)。

表 3-6　投入度与消费者感知的相关假设

假设	假设内容
H1a	企业善因营销活动投入度对消费者能力感知有显著的正向影响
H1b	企业善因营销活动投入度对消费者利他动机感知有显著的正向影响
H1c	企业善因营销活动投入度对消费者道德感知有显著的正向影响

2.一致性与消费者感知的相关假设

根据文献梳理以及深度访谈的结果可知，一致性包括企业公益投入水平与企业能力、企业以往投入水平的比较及其与其他企业投入水平的比较，还包括后期监督与前期宣传的比较。虽然公益投入水平对消费者的能力感知、利他动机感知以及道德感知起到正面的影响，但对比效应指出，消费者感知到的投入水平的高低不是绝对的，在不同情境下会产生差异。因此，考量企业的投入水平与背景(企业能力、以往投入水平、其他企业等)的比较具有重要的现实及理论意义。

根据互惠理论，企业与社会之间会形成一种隐形契约，社会提供给企业资源以及环境让其健康发展，当企业形成了较高"能力"时，需要回馈社会。当消费者将某企业与其他企业在慈善事业方面的投入相比较，发现其投入较少时，会产生资源匮乏感。所以也会质疑企业当时的经营状况。根据期望确认理论(expectation confirmation theory)，消费者对企业回馈社会的投入期望取决于

① 参见金桂生、王海艳:《基于企业道德层次的消费者品牌忠诚度》,《经管研究》2013 年第 9 期。

消费者对企业能力的认知。当能力较差的企业参与善因活动并投入较多时，消费者因此推测企业会在产品以及其他方面减少投入，因而降低其对善因营销活动的正面评价。[①] 同理，由于能力较差企业的资源有限，消费者会推断善因营销活动中的投入会使企业减少在产品和服务质量上的投入，因此感知到能力降低。[②] 不仅如此，牟宇鹏等的研究表明，消费者会质疑能力较差企业从事慈善活动的动机。当能力强的企业在慈善活动中投入较少时，消费者会推断企业是迫于外界压力才采取策略。虽然企业对善因营销活动的宣传将增强消费者对善因活动的认知，但它同时也会提升消费者对企业善因营销活动投入的预期。[③] 如果企业的后期监督不能与前期的宣传投入一致，那么消费者容易对企业的亲社会行为形成伪善的感知，也会因此质疑企业在宣传阶段信息的真实性。金桂生等对企业道德层次的划分表明，非道德企业管理的经营目的仅仅是利润的最大化，而道德企业管理的重点是在遵守法律和道德规范的基础上追求利润的最大化。[④] 当消费者认为企业的善因营销活动是迫于外界压力才实施的，就容易对企业产生非道德的认知与印象。

基于以上讨论，本书提出以下假设（见表 3-7）。

表 3-7　一致性与消费者感知的相关假设

假设	假设内容
H2a	企业善因营销活动一致性对消费者能力感知有显著的正向影响
H2b	企业善因营销活动一致性对消费者利他动机感知有显著的正向影响
H2c	企业善因营销活动一致性对消费者道德感知有显著的正向影响

① 参见 T. J. Brown and P. A. Dacin, "The Company and the Product: Corporate Associations and Consumer Product Responses," *Journal of Marketing*, vol. 61, no. 1 (1997), pp. 68-84。

② 参见毕楠、银成钺、康茜：《中国情境下影响消费者感知成功善因营销的多案例研究》，《管理学报》2016 年第 3 期。

③ 参见牟宇鹏、汪涛、王波：《企业慈善战略为何适得其反？——消费者感知企业伪善研究》，《珞珈管理评论》2012 年第 2 期。

④ 参见金桂生、王海艳：《基于企业道德层次的消费者品牌忠诚度》，《经管研究》2013 年第 9 期。

3.适时性与消费者感知的相关假设

企业善因营销的适时性指的是企业对社会问题的反应速度以及企业在实施善因营销活动时公司的状态。牟宇鹏等在研究企业社会责任感的伪善感知时,把企业社会责任感的响应定义为企业对慈善事业信息的反应速度。[①] 也有学者根据参与社会责任感的时机不同,将企业的社会责任行为分为主动性行为和被动性行为。[②] 企业对自然灾害或其他慈善事业的快速响应反映了企业的柔性能力,即企业应对外界动静态环境时表现出来的适应性以及有效的反应。有学者认为,企业是能力的综合体,企业的能力维度是刚性和柔性。[③] 刚性能力是指企业拥有的自主的知识以及实力水平,柔性能力则体现为企业在应对外部动态环境时表现出来的适应性和有效反应。在善因营销活动反应速度的背景下,企业的柔性能力就是企业可以及时、准确地收集善因事件信息。所以企业对善因事件的反应速度与消费者对企业的能力感知有正相关关系。

企业对善因事件的反应速度表明了企业对慈善事业的持续关注度。艾伦等的研究表明,在应对具体慈善事业时,反应型企业的社会责任行为往往比较滞后,这种被动的社会责任行为只是为了应对某种压力或是在企业出现品牌危机时采取的权宜之计,消费者并不接受这种反应式行为。相反,主动型的善因营销活动体现企业实现社会目的的动机。[④] 所以,企业善因营销活动的适时性将对消费者的利他动机感知有正向的影响。企业选择在何种情境下实施善因营销活动反映出消费者对企业的道德感知。当企业在自身产品出现危机时参与善因营销活动,消费者会联想到企业的不道德行为。适时性与消费者感知的相关假设见表 3-8。

---

① 参见牟宇鹏、汪涛、王波:《企业慈善战略为何适得其反——消费者感知企业伪善研究》,《珞珈管理评论》2012 年第 2 期。

② 参见 P. S. Ellen, L. A. Mohr, and D. J. Webb, "Charitable Programs and the Retailer: Do They Mix," *Journal of Retailing*, vol. 76, no. 3 (2000), pp. 393-406。

③ 参见杜纲、姚长佳、王军平:《企业能力的关键维度及分析模型》,《天津大学学报》(社会科学版)2002 年第 2 期。

④ 参见 P. S. Ellen, L. A. Mohr, and D. J. Webb, "Charitable Programs and the Retailer: Do They Mix," *Journal of Retailing*, vol. 76, no. 3 (2000), pp. 393-406。

表 3-8 适时性与消费者感知的相关假设

假设	假设内容
H3a	企业善因营销活动适时性对消费者能力感知有显著的正向影响
H3b	企业善因营销活动适时性对消费者利他动机感知有显著的正向影响
H3c	企业善因营销活动适时性对消费者道德感知有显著的正向影响

4.匹配度与消费者感知的相关假设

研究人员常常使用契合度、匹配度等来描述消费者感知到的企业与善因事件之间的关联性和相似性。企业参加与自身产品或形象相符合的慈善事业体现了企业支持慈善事业的诚意和愿意付出的努力。企业与慈善事业的匹配度越高,越有利于企业利用自身的资源、技术、知识、市场等来协助慈善事业的展开。寻求匹配的慈善事业和非营利组织是企业战略的一部分,它需要企业有较强的人力资源团队以及了解消费者心理。所以,当匹配度较高时,消费者将感知到企业强大的刚性能力和柔性能力。①

消费者无论在何种情况下都会对企业的动机进行判断和归因,在企业社会责任行为与慈善事项的匹配度较高时,消费者会更倾向于将企业社会责任行为归结于利他动机。大部分学者将匹配度作为判断企业社会责任感利他动机的标准②,认为善因营销活动的匹配度越高,越能显示出企业与慈善机构合作的诚意,越能增强消费者的利他动机感知以及道德感知。

综合以上分析,本书提出以下假设(见表 3-9)。

① 参见 B. A. Lafferty, R. E. Goldsmith, and G. T. M. Hult, "The Impact of the Alliance on the Partners: A Look at Cause-Brand Alliance," *Psychology and Marketing*, vol. 21, no. 7 (2004), pp. 509-531。

② 参见 Carrie S. Trimble and Nore J. Rifon, "Consumer Perceptions of Compatibility in Cause-related Marketing Messages," *International Journal of Nonprofit and Voluntary Sector Marketing*, vol. 11, no. 1 (2006), pp. 29-47; M. Antonio and J. F. Charles, "Measuring Corporate Social Responsibility," *Corporate Reputation Review*, vol. T, no. 4 (2005), pp. 304-308; 朱翊敏、李蔚、刘容:《慈善营销中契合度、熟悉度和产品性质对消费者响应的影响》,《南开管理评论》2012 年第 3 期。

表 3-9　匹配度与消费者感知的相关假设

假设	假设内容
H4a	企业善因营销活动匹配度对消费者能力感知有显著的正向影响
H4b	企业善因营销活动匹配度对消费者利他动机感知有显著的正向影响
H4c	企业善因营销活动匹配度对消费者道德感知有显著的正向影响

3.2.2　消费者感知影响消费者依恋的相关假设

消费者对品牌的态度和行为是消费者受到环境信息刺激后形成的主观感知。根据阿耶兹（I. Ajzen）和菲什宾（M. Fishbein）态度理论中的“认知—情感—行为”框架可以得出，消费者对品牌的行为意向是通过情感反应得到的。[①] 这也恰恰符合后期学者提出的“认知评价—情绪反应—行为意向”框架。[②]

消费者情感依恋方面的研究已经超越了人与人之间的关系，拓展并应用到人与物、人与品牌等领域。[③] 根据消费者依恋理论，消费者依恋这一多维概念可以更好地预测更高层面的“交换—忠诚”意愿。消费者与品牌之间形成的稳定的情感纽带是通过购买产品或服务来定义自我并加强自我概念后建立起来的。在某种程度上，消费者购买或拥有的物品可以体现他们的自我态度、自我价值等自我概念。一方面，消费者会通过购买对自身有价值的产品来维护或加强自身的自我概念；另一方面，企业会为消费者提供资源来促进消费者自我实现以及自我概念强化。帕克等指出，企业可以为消费者情感依恋提供三种资源：功能性资源、享乐性资源以及象征性资源。消费者则通过购买企业提供的资源来实现自我满足、自我实现与自我丰富。[④]

① 参见 I. Ajzen and M. Fishbein, *Understanding Attitudes and Predicting Social Behavior*, New Jersey: Prentice-Hall, 1980, pp. 23-81。

② 参见 R. P. Bagozzi, K. Lee, and M. F. Van Loo, “Decisions to Donate Bone Marrow: The Role of Attitudes and Subjective Norms across Cultures,” *Psychology and Health*, vol. 16 (2001), pp. 29-56。

③ 参见 S. S. Kleine and S. M. Baker, “An Integrative Review of Material Possession Attachment,” *Academy of Marketing Science Review*, vol. 1 (2004), pp. 1-39。

④ 参见 C. W. Park, D. J. MacInnis, and J. Priester, “Brand Attachment: Construct, Consequences and Causes,” *Foundations & Trends in Marketing*, vol. 1, no. 3 (2006), pp. 123-137。

自我实现是指个体会根据自我的内在需求，完成自我任务，实现能力（competence）的提高。汤姆森（M. Thomson）等根据自我决定理论建立了依恋的A-R-C模型，他们指出，自我实现的三个基本需求动机是：自主（autonomy）、联系（relatedness）以及能力。这里的能力是指自我实现的需求。每个人都有挑战和实现自我的倾向与需求。[①] 根据消费者依恋理论，消费者通过品牌提供的资源来建立自我效能感，从而实现可掌控的目标（mastery goals）。当消费者购买了自我感知高能力品牌产品时，产品的高质量与品牌的象征性资源将使自我感到自己的能力得到延伸，品牌与自我进行关联，依恋也就此产生。

自我满足与愉悦自我可以关联消费者的自我概念，使品牌变成"延伸自我"。享受快乐（enjoyment）是依恋关系中的重要因素。[②] 在品牌关系管理中，学者们从体验式消费、增强消费者的自我愉悦与自我满足来建立品牌与消费者之间的联结，从而提高依恋强度。自我满足与自我愉悦也是有层次的，个体体会到的真正的快乐（true happiness）来源于对他人的帮助以及赠予。[③] 所以，当消费者感知到企业强烈的利他动机时，自我满足和自我愉悦将得到增强。

自我丰富与自我表达是向外界进行自我展现或向内心进行的自我欣赏和映射。[④] 消费者会通过购买的品牌产品来进行自我表达，在形成品牌依恋的过程中向外展示自我。消费者倾向于与那些可以维持或强化自身个性、身份以及价值观的商品建立较强的情感依恋。当个体看到例如仁爱、无私等美好行为时，会产生莫名的感动，感觉自己似乎也在向这些美德靠拢。消费者运用企业的道德认知来定义自我，将自我提高到与企业相似的道德高度。购买感知到的高道德的品牌产品会提升消费者的自我概念，并满足自我表达的需求。感知到

① 参见 M. Thomson and A. R. Johnson, "Marketplace and Personal Space: Investigating the Differential Effects of Attachment Style across Relationship Contexts," *Psychology & Marketing*, vol. 23, no. 8 (2006), pp. 711-726。

② 参见 J. M. Bowlby, *Attachment and Loss*, New York: Basic Books, 1969, pp. 595-599。

③ 参见 W. Liu and J. Aaker, "The Happiness of Giving: The Time-Ask Effect," *Journal of Consumer Research*, vol. 35, no. 3 (2008), pp. 543-557。

④ 参见 S. S. Kleine and S. M. Baker, "An Integrative Review of Material Possession Attachment," *Academy of Marketing Science Review*, vol. 1 (2004), pp. 1-39。

的道德在这个层面上提供了一种象征性资源，方便消费者构建一个理想的自我，并通过消费企业的产品来实现真实自我与理想自我的统一。[①]

综合以上分析，本书提出以下假设(见表 3-10)。

表 3-10 消费者感知影响消费者依恋的相关假设

假设	假设内容
H5a	消费者能力感知对消费者依恋有显著的正向影响
H5b	消费者利他动机感知对消费者依恋有显著的正向影响
H5c	消费者道德感知对消费者依恋有显著的正向影响

3.2.3 消费者依恋影响忠诚意愿的相关假设

消费者忠诚意愿是指消费者对未来承诺的反应，它是比购买意愿更高层次的交换。目前对忠诚意愿的定义集中在情感反应和行为反应。从消费者情感视角来看，忠诚意愿主要指的是对产品或品牌的长期喜爱等积极的情感反应。[②]很多学者是从消费者的重复购买、溢价购买或口碑传播等行为视角研究消费者的忠诚意愿。[③] 对于忠诚意愿的驱动和前置因素，已有学者通过消费者的满意度来进行研究，后期有学者开始质疑消费者的满意度与顾客忠诚意愿之间的关系[④]，他们引入了消费者情感纽带的概念并进行了实证研究。

---

① 参见 S. S. Kleine and S. M. Baker, "An Integrative Review of Material Possession Attachment," *Academy of Marketing Science Review*, vol. 1 (2004), pp. 1-39。

② 参见 I. Ajzen and M. Fishbein, *Understanding Attitudes and Predicting Social Behavior*, New Jersey: Prentice-Hall, 1980, pp. 68-92。

③ 参见 C. B. Bhattacharya and S. Sen, "Doing Better at Doing Good: When, Why, and How Consumers Respond to Corporate Social Initiatives," *California Management Review*, vol. 47, no. 1 (2004), pp. 9-24。

④ 参见 C. K. B.Yim, D. K.Tse, and K. W. Chan, "Strengthening Customer Loyalty through Intimacy and Passion: Roles of Customer-Firm Affection and Customer-Staff Relations in Services," *Journal of Markeing Research*, vol. 45, no. 6 (2008), pp. 741-756。

关于消费者情感对于预测其消费行为的影响的研究正在与日俱增。[①] 很多实证研究表明，消费者对企业或品牌的情感依恋对品牌忠诚起到重要的预测作用。[②] 营销领域的专家也越来越关注这种超利益驱使的情感力量以及心理纽带，因为只有这种亲密感和稳固的关系才能确保消费者将持续购买，不会任意转换品牌。正面的情感会延长个体注意的时间[③]，所以消费者情感依恋将对行为结果产生正向影响，比如重复购买、愿意溢价支付、减少品牌转化等[④]。在善因营销活动情境下，消费者情感依恋会延长消费者对企业的注意力，这样就会减少消费者对其他替代品的关注，较少受其他品牌的诱惑，进而持续对依恋感强的企业进行投入和付出。因此，很多研究表明，消费者对品牌的情感依恋将增强消费者的忠诚意愿。[⑤]

另外，与企业互动比较频繁的消费者，也会吸引与其价值观类似的顾客参与品牌社区的活动。在消费者之间的互动中，消费者依据与之依恋感强的品牌来进行自我表达，这也在一定程度上起到口碑传播的效应。基于以上讨论，本书提出以下假设(见表 3-11)。

---

① 参见 R. P. Bagozzi, K. Lee, and M. F. Van Loo, "Decisions to Donate Bone Marrow: The Role of Attitudes and Subjective Norms across Cultures," *Psychology and Health*, vol. 16, no. 1 (2001), pp. 29-56; S. P. Brown and D. M. Stayman, "Antecedents and Consequences of Attitude toward the Ad: A Meta-Analysis," *Journal of Consumer Research*, vol. 19, no. 1 (1992), pp. 34-51。

② 参见 C. K. B. Yim, D. K. Tse, and K. W. Chan, "Strengthening Customer Loyalty through Intimacy and Passion: Roles of Customer-Firm Affection and Customer-Staff Relations in Services," *Journal of Markeing Research*, vol. 45, no. 6 (2008), pp. 741-756。

③ 参见 W. J. Mcewen, "Married to the Brand: Why Consumers Bond with Some Brands for Life," *Booklist*, vol. 32, no. 3 (2005), pp. 321-322; A. M. Isen, "An Influence of Positive Affect on Decision Making in Complex Situations: Theoretical Issues with Practical Implications," *Journal of Consumer Psychology*, vol. 11, no. 2 (2001), pp. 75-85。

④ 参见 P. A. M. Van Lange, C. E. Rusbult, S. M. Drigotas, X. B. Arriaga, and B. S. Witcher, "Willingness to Sacrifice in Close Relationship," *Journal of Personality and Social Psychology*, vol. 72, no. 6 (1997), pp. 1373-1395。

⑤ 参见 C. K. B. Yim, D. K. Tse, and K. W. Chan, "Strengthening Customer Loyalty through Intimacy and Passion: Roles of Customer-Firm Affection and Customer-Staff Relations in Services," *Journal of Markeing Research*, vol. 45, no. 6 (2008), pp. 741-756。

表 3-11 消费者依恋影响忠诚意愿的相关假设

假设	假设内容
H6	消费者依恋对消费者忠诚意愿有显著的正向影响
H7a	消费者依恋在消费者企业能力感知和忠诚意愿中起到了中介作用
H7b	消费者依恋在消费者企业利他动机感知和忠诚意愿中起到了中介作用
H7c	消费者依恋在消费者企业道德感知和忠诚意愿中起到了中介作用

3.2.4 消费者个性特征调节作用的相关假设

1.消费者依恋逃避调节作用的相关假设

虽然个体对他人以及外物都有依恋的需求，但是由于个体在成长环境、个人认知以及情感需求等方面有所不同，因此他们具有不同的依恋风格。[①] 总体来说，个体对他人的依恋可以分为安全型与不安全型两大类别。不安全型主要指的是焦虑和逃避两种类型。[②] 根据柯林(N. L. Collins)等的研究，安全焦虑型消费者具有低焦虑、低回避的关系状态，这种类型的消费者对自我概念与自我评价的态度更为正面。他们不会过度追求亲密关系，也不排斥亲密状态，对适当的亲密感感到舒适。安全型消费者对自我概念的认知比较平稳，不会过多依靠外物或购买品牌来增强自我认识。[③] 所以他们会比较理性地处理个体与品牌之间的依恋关系。依恋焦虑型个体对外界的个体与物品依恋度比较高，他们较容易对企业或品牌产生信任感，并积极参与企业组织的各种活动。[④] 但是由于这种类型的消

① 参见 P. R. Shaver and M. Mikulincer, "Attachment Theory and Research: Resurrection of the Psychodynamic Approach to Personality," *Journal of Research in Personality*, vol. 39, no. 1 (2005), pp. 22-45。

② 参见 K. Bartholomew and L. M. Horowitz, "Attachment Styles among Young Adults: A Test of a Four-Category Mode," *Journal of Personality and Social Psychology*, vol. 61, no. 2 (1991), pp. 226-244。

③ 参见 N. L. Collins and S. J. Read, "Cognitive Representations of Attachment: The Structure and Function of Working Models," *Advances in Personal Relationships*, no. 5 (1994), pp. 53-90。

④ 参见 M. Thomson and A. R. Johnson, "Marketplace and Personal Space: Investigating the Differential Effects of Attachment Style across Relationship Contexts," *Psychology & Marketing*, vol. 23, no. 8 (2006), pp. 711-726。

费者自我意识和自我概念具有不确定性以及模糊性，所以他们容易改变自己支持的品牌。因此本书不尝试探讨这两种依恋风格对消费者情感依恋程度的影响。

如前文所述，依恋逃避型消费者坚持自我依靠、具有很强的独立性，对他人的信任感较低，比较排斥与他人形成亲密关系。[①] 这种对他人低信任感的特征会让他们在与品牌和企业互动时，同样抱着不信任的态度，对参与善因营销活动的企业的能力感知、利他动机感知以及道德感知都抱有怀疑态度。依恋逃避较强的消费者并不是回避与社会的交往，而是拒绝与他人形成比较亲密的关系。同样，当个体与企业和品牌互动时，他们并不是不会参与善因营销活动，而是也可能会喜欢上参与善因营销活动的品牌，但让他们形成品牌依恋比较困难。所以，基于以上分析，本书提出以下假设(见表 3-12)。

表 3-12　消费者依恋逃避调节作用的相关假设

假设	假设内容
H8a	依恋逃避在消费者能力感知影响消费者依恋方面具有负向调节作用
H8b	依恋逃避在消费者利他动机感知影响消费者依恋方面具有负向调节作用
H8c	依恋逃避在消费者道德感知影响消费者依恋方面具有负向调节作用

2.消费者自我提升调节作用的相关假设

霍格(M. A. Hogg)等指出，自我提升是指个体在与他人互动过程中，得到积极的认可和正面的评价，从而提升自我。[②] 在研究自我概念与印象管理时，学者们认为个人有提高自尊、寻求自我价值感、提升自我形象的需要。个体的自我提升是自我评价的主要动机。[③] 根据社会认同理论，个体将自我定义在一个特定的社会群体中，该社会群体的价值观直接影响自我概念的定义。刻板印象

① 参见 P. R. Shaver and M. Mikulincer, "Attachment Theory and Research: Resurrection of the Psychodynamic Approach to Personality," *Journal of Research in Personality*, vol. 39, no. 1 (2005), pp. 22-45。

② 参见 M. A. Hogg, D. J. Terry, and K. M. White, "A Tale of Two Theories: A Critical Comparison of Identity Theory with Social Identity Theory," *Social Psychology Quarterly*, vol. 58, no. 4 (1995), pp. 255-269。

③ 参见董妍、俞国良:《自我提升的研究现状与展望》,《心理科学进展》2005 年第 2 期。

内容理论证实人在社会互动过程中，往往会对其他群体的意图以及达成这种意图的能力产生兴趣。[①]

不同社会群体的刻板印象内容都是由热情和能力两个维度进行描述的，由此搭建了刻板印象内容的四个群体，即高热情-高能力、高热情-低能力、低热情-高能力和低热情-低能力。自我提升较强的个体倾向于将自我定义在能力与热情都高的高热情-高能力群体。在个体与品牌的互动中，自我提升较强的个体将高能力、高利他动机以及高道德感知企业定义为自己的内群体，同时通过对高能力、高利他动机、高道德感知企业的认同以及参与来影响自我提升。

根据弗斯汀格（L. Festinger）的社会比较理论，自我内在评价的基础是知觉自我或内群体与他人或外群体的比较。若自我或内群体在与他人或外群体比较的过程中获得了对比优势，个人将对所属群体产生喜爱或依恋，因为内群体的正向价值观会赋予个体正面评价。同样的，当个体的自我提升得到了满足，个体将对所属群体进行更加正面的评价，甚至会夸大所属社会群体的优势，以便拉大内群体与外群体之间的距离。[②] 在善因营销情境中，自我提升较强的个体在感知到企业的高能力、高利他动机以及高道德时，将更加认可企业的价值观并进行口碑传播以便促进自我提升。所以自我提升将正向影响消费者能力感知、利他动机感知以及道德感知对消费者情感依恋的影响。所以，基于以上分析，本书提出以下假设（见表3-13）。

表 3-13 消费者自我提升调节作用的相关假设

假设	假设内容
H9a	自我提升在消费者能力感知影响消费者依恋方面具有调节作用
H9b	自我提升在消费者利他动机感知影响消费者依恋方面具有调节作用
H9c	自我提升在消费者道德感知影响消费者依恋方面具有调节作用

① 参见 S. T. Fiske, A. J. C. Cuddy, P. S. Glick, and J. Xu, “A Model of (Often Mixed) Stereotype Content: Competence and Warmth Respectively Follow from Perceived Status and Competition,” *Journal of Personality and Social Psychology*, vol. 82, no. 6 (2002), pp. 878-902。

② 参见 L. Festinger, “A Theory of Social Comparison Processes,” *Human Relations*, vol. 7, no. 2 (1954), pp. 117-140。

3.2.5 操作模型

通过以上分析，本书提出的所有假设汇总如下（见表 3-14）。

表 3-14 本书研究假设汇总

假设	假设内容
H1a	企业善因营销活动投入度对消费者能力感知有显著的正向影响
H1b	企业善因营销活动投入度对消费者利他动机感知有显著的正向影响
H1c	企业善因营销活动投入度对消费者道德感知有显著的正向影响
H2a	企业善因营销活动一致性对消费者能力感知有显著的正向影响
H2b	企业善因营销活动一致性对消费者利他动机感知有显著的正向影响
H2c	企业善因营销活动一致性对消费者道德感知有显著的正向影响
H3a	企业善因营销活动适时性对消费者能力感知有显著的正向影响
H3b	企业善因营销活动适时性对消费者利他动机感知有显著的正向影响
H3c	企业善因营销活动适时性对消费者道德感知有显著的正向影响
H4a	企业善因营销活动匹配度对消费者能力感知有显著的正向影响
H4b	企业善因营销活动匹配度对消费者利他动机感知有显著的正向影响
H4c	企业善因营销活动匹配度对消费者道德感知有显著的正向影响
H5a	消费者能力感知对消费者依恋有显著的正向影响
H5b	消费者利他动机感知对消费者依恋有显著的正向影响
H5c	消费者道德感知对消费者依恋有显著的正向影响
H6	消费者依恋对消费者忠诚意愿有显著的正向影响
H7a	消费者依恋在消费者企业能力感知和忠诚意愿中起到了中介作用
H7b	消费者依恋在消费者企业利他动机感知和忠诚意愿中起到了中介作用
H7c	消费者依恋在消费者企业道德感知和忠诚意愿中起到了中介作用
H8a	依恋逃避在消费者能力感知影响消费者依恋方面具有负向调节作用
H8b	依恋逃避在消费者利他动机感知影响消费者依恋方面具有负向调节影响

续表

假设	假设内容
H8c	依恋逃避在消费者道德感知影响消费者依恋方面具有负向调节影响
H9a	自我提升在消费者能力感知影响消费者依恋方面具有调节作用
H9b	自我提升在消费者利他动机感知影响消费者依恋方面具有调节影响
H9c	自我提升在消费者道德感知影响消费者依恋方面具有调节影响

现总结本书的理论模型如下(见图 3-2)。

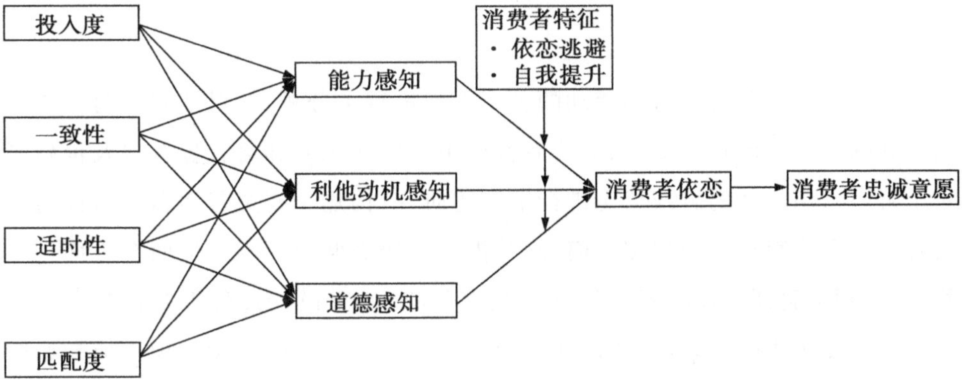

图 3-2　本书的理论模型

3.3　本章小结

本章结合文献综述、相关理论分析以及扎根理论的探索性研究构建了本书的理论模型,并提出了研究假设。首先运用扎根理论进行探索性研究,深入挖掘善因营销活动的特征维度,找到中国文化情境下善因营销感知影响消费者忠诚意愿的作用路径及影响因素;其次综合理论分析和文献综述的成果,构建中国文化情境下善因营销特征对消费者忠诚意愿的影响机理的理论模型;最后根据模型中的变量提出研究假设。

第 4 章　研究设计与数据收集

前三章对企业善因营销活动的各个方面进行了分析，并对消费者对善因营销活动的感知和消费者依恋、消费者特征中的依恋逃避和自我提升以及消费者对于善因营销活动的忠诚意愿进行了阐述研究，构建了有关善因营销特征对消费者忠诚意愿影响机理的理论模型，并提出了研究假设。本章从两个方面进行阐述，分别是验证假设的研究设计和数据收集：研究设计过程主要是参考以往文献和深度访谈的结果，笔者设计了理论模型中各变量的测量题项形成初始问卷，并运用小规模访谈和预测试的方法进行修正，最终形成正式的调查问卷；数据收集主要包括样本及问卷发放等，介绍了调研程序和样本情况。

4.1　问卷设计

设计问卷要遵循科学性、严谨性的原则。根据李怀祖的研究，问卷题项首先要与研究问题联系紧密，不要出现一些与研究目的没有直接关系的题项；另外，为了保证受访者能在注意力集中期间高质量完成问卷，题项不宜太多，内容应简洁易懂，题项不应具有多重含义，问题不应具有导向性等。为保护受访者的隐私，题项中应避免出现有关个人隐私方面的问题。因此，为了有效获取信息，解决前文提出来的研究问题，问卷设计应该着重考虑研究需要的内容以及措辞。[1]

4.1.1　问卷设计的变量

在设计问卷之前，首先要考虑研究的目的以及研究问题。本书着重研究消费者善因营销感知对其忠诚意愿的影响机制。针对这个研究方向，本书提出了四个研究问题：消费者对参与善因营销活动的企业感知如何，以及具体有哪些维度？哪些善因营销活动特征会带给消费者不同的感知？消费者对善因营销活动的感知对其忠诚意愿的影响机制是什么？消费者的个性特征怎样影响消费者对品牌的依恋程度？为解决以上四个研究问题，上一章进行了深度访谈以及文献梳理，得出了理论模型，由此问卷应该考量的变量为：消费者感知善因营销活动的投入度、一致性、匹配度、适时性，消费者感知善因营销活动的三个维度——能力感知、利他动机感知以及道德感知，消费者依恋，依恋逃避与自我提升，以及消费者忠诚意愿。

4.1.2　问卷修正

为保证研究的准确性，对问题题项的表述应方便受访者理解。笔者在深度访谈后制定了问卷初始题项，随后与被访者讨论。运用焦点小组讨论法，抽取前面 30 位被访者组成 2 个小组，对前述量表的问题进行了讨论，主要询问被访者对于初始问卷量表问题题项合理性的看法，有没有产生歧义的题项，是否囊括了被访者提到的善因营销活动特征。本书加入了虚拟企业的情境设计，并对问卷的题项数量、措辞、分量表划分等进行了修正，从而在一定程度上提高了调查问卷的内容效度。对于成熟量表的翻译，邀请了英语专业的学者专家校对，并对其不断修正。修正后的版本又在正式调查之前进行了预测试进一步对问卷初稿进行了修正与确认。

4.1.3　问卷内容

访谈修正后形成的初始调查问卷如附录 1 所示。问卷开始部分是问卷介

---

① 参见李怀祖：《管理研究方法论》(第二版)，西安交通大学出版社 2004 年版，第 119～120 页。

绍，该部分主要介绍本次调研的目的等以加深受访者对本次调研的理解，从而提升调研的效率和质量。

问卷第一部分第一题对消费者个性特征，包括依恋逃避和自我提升进行测量，共计 7 个题项。消费者的依恋逃避和自我提升是对自身情况的察觉，这部分题目较为简单，这将降低答题者的答题门槛，有利于填写接下来的问卷题项。

第一部分第二题介绍了本书设定的情境。填写问卷的消费者正打算购买一瓶洗发水，消费者心中已存在几款备选品牌，这些品牌的产品在功能、外观和价位方面没有太大差异，这些产品包括 A 企业生产的某产品。由于消费者犹豫不决，所以进行了网上搜索，看到一家权威媒体对 A 企业善因营销活动的报道。具体文本叙述如下：

> 1996～2016 年，A 公司致力于帮助贫困地区的孩子获得更好的教育机会，与中国青少年发展基金会（题项中的慈善机构）合作开展“一个鸡蛋”慈善活动，即 A 公司在本年度将 1%的利润捐给中国青少年发展基金会来帮助贫困儿童，让他们每天都可以吃上一个鸡蛋，提升身体素质。该公司在此之前也在 2008 年“5・12”汶川特大地震中捐出 1 亿元来帮助灾民重建家园。A 公司设有“一个鸡蛋”网站，可查询慈善活动的报道和捐助的贫困学校。《A 公司“一个鸡蛋”慈善活动社会效益评估报告》称，截至目前 A 公司已累计向中国青少年发展基金会捐款 7600 余万元。2014 年 A 企业为“一个鸡蛋”计划捐款 376 万元。同年，A 公司 X 型号产品在国家质量抽检中不合格，后积极整顿，产品质量抽检合格。2015 年 A 企业为“一个鸡蛋”计划捐款 400 万元。

第一部分接下来对研究模型中的主要研究变量进行了测量，采用李克特七级量表，选项赋值分别为：完全同意（7 分）、比较同意（6 分）、有点同意（5 分）、不确定（4 分）、有点反对（3 分）、比较反对（2 分）、完全反对（1 分）。具体来说，第三题是对善因营销活动投入度、善因营销活动一致性、善因营销活动匹配度、善因营销活动适时性四个方面的测量，共计 14 个题项。第四题对消费者感知进行测量，分别涉及消费者对企业的道德感知、能力感知和利他动机感知，共有 15 个测量题项。第五题是对消费者依恋的测量，共有 4 个测量题项。第六题是对消费者忠诚意愿的测量，共有 6 个测量题项。

第二部分用于统计被访者的背景信息，包括性别、年龄、学历、职业和月收入状况等。

4.2　测量变量

本书涉及的变量有：企业善因营销活动特征，包括企业善因营销活动投入度、企业善因营销活动一致性、企业善因营销活动适时性、企业善因营销活动匹配度；消费者善因营销活动感知，即能力感知、利他动机感知以及道德感知；消费者依恋；调节变量为依恋逃避与自我提升；被解释变量，即消费者忠诚意愿。

4.2.1　对企业善因营销活动特征的测量

1.对企业善因营销活动投入度的测量

企业在善因营销活动中的投入水平体现了企业对于慈善事业的决心，投入度涉及企业的资金投入、时间投入、企业对善因营销活动的宣传报道及其持续性。企业善因营销活动只有在企业确确实实投入资金、时间等后才能真正发挥作用。

因此，企业呈现给消费者对资金、时间的投入代表了企业在善因营销活动中的投入度。本书结合以往文献和深度访谈结果，设计了企业善因营销活动投入度量表，共包括 5 个题项：该企业对善因营销活动的资金投入度高，该企业对公益事业付出了较多时间和努力，该企业提供给消费者的公益事业信息很多，该企业向消费者提供了明确的捐款去向，该企业对公益事业进行了长期关注（见表 4-1）。

表 4-1 企业善因营销活动投入度的测量题项

变量名称	编号	测量题项	题项来源
企业善因营销活动投入度	1	该企业对善因营销活动的资金投入度高	根据访谈结果自行开发
	2	该企业对公益事业付出了较多时间和努力	
	3	该企业提供给消费者的公益事业信息很多	
	4	该企业向消费者提供了明确的捐款去向	
	5	该企业对公益事业进行了长期关注	

2.对企业善因营销活动一致性的测量

善因营销活动一致性是指企业在慈善事业方面表现出来的各方面的一致性程度，比如企业以往与现在对慈善事业的投入相差不大，企业对慈善事业的投入与自身能力是相匹配的，不是虚张声势，也不是企业能力明明很高，却只是投入少部分资金。本书结合扎根理论和深度访谈的结果，设计了针对企业善因营销活动一致性的测量量表。该表共包括 3 个题项：该企业对公益事业的投入与企业的能力成正比，该企业近期(2015 年)对公益事业的投入与以往(2014 年)的公益事业投入相一致，该企业对公益事业的投入与其他企业差不多(见表 4-2)。

表 4-2 企业善因营销活动一致性的测量题项

变量名称	编号	测量题项	题项来源
企业善因营销活动一致性	1	该企业对公益事业的投入与企业的能力成正比	根据访谈结果自行开发
	2	该企业近期(2015 年)对公益事业的投入与以往(2014 年)的公益事业投入相一致	
	3	该企业对公益事业的投入与其他企业差不多	

3.对企业善因营销活动适时性的测量

企业善因营销活动适时性是指企业选择进行善因营销活动的时机的合适性程度。比如，当外界突发灾难性事件，如洪水灾害、地震灾害时，企业是否及时做出反应，进行慈善捐赠行为；企业在自身具有产品危机的情况下进行善因营销活动的合适性程度。本书结合扎根理论和深度访谈的结果，设计了针对企业善因营销活动适时性的测量量表，共 3 个题项：该企业在自身产品出现问题时进行公益事业是不含作秀成分的，该企业在重大灾害发生时立即进行慈善捐助是不含作秀成分的，正常经营情况下该企业开展公益事业是在履行社会责任（见表 4-3）。

表 4-3　企业善因营销活动适时性测量题项

变量名称	编号	测量题项	题项来源
企业善因营销活动适时性	1	该企业在自身产品出现问题时进行公益事业是不含作秀成分的	根据访谈结果自行开发
	2	该企业在重大灾害发生时立即进行慈善捐助是不含作秀成分的	
	3	正常经营情况下该企业开展公益事业是在履行社会责任	

4.对企业善因营销活动匹配度的测量

企业善因营销活动匹配度是指企业在做善因营销活动的时候，企业和慈善事业的匹配状态。本书从两个方面进行测量：一方面是企业产品与善因营销事项是否功能契合，另一方面是企业与善因营销事业以及非营利组织的形象是否契合。本书结合扎根理论和深度访谈的结果，设计了针对企业善因营销活动匹配度的测量量表，包括 3 个题项：看到企业所在行业（个人护理），会想到企业支持的公共事业（孩子的温饱与健康）；想到该企业，会想到孩子的温饱与健康；可以把该企业与中国青少年发展基金会（非营利组织）联系起来（见表 4-4）。

表 4-4　企业善因营销活动匹配度的测量题项

变量名称	编号	测量题项	题项来源
企业善因营销活动匹配度	1	看到企业所在行业（个人护理），会想到企业支持的公共事业（孩子的温饱与健康）	根据访谈结果自行开发
	2	想到该企业，会想到孩子的温饱与健康	
	3	可以把该企业与中国青少年发展基金会（非营利组织）联系起来	

4.2.2 对消费者善因营销活动感知的测量

1.对于企业能力感知的测量

企业能力理论中的资源基础论表明，企业是各类资源和能力的结合体，它们共同组成企业的核心竞争力，企业能力涉及一个企业的产品、销售、服务等各个环节。[①] 有学者指出，企业的能力维度可以分为刚性和柔性：刚性能力涉及企业拥有的自主知识以及实力水平，柔性能力则主要指企业的管理能力以及人力资源管理能力。[②] 本书结合前人关于能力维度的研究，设计了消费者对企业能力感知的测量量表，包括 6 个题项：该企业在洗化用品行业处于领先地位，该企业在洗化用品行业有很强的研究和发展能力，该企业是一家竞争能力很强的公司，该企业能提供质量很好的产品，该企业能提供质量很高的售后服务，该企业是一家管理水平很高的公司（见表 4-5）。

表 4-5 企业能力感知的测量题项

变量名称	编号	测量题项	题项来源
企业能力感知	1	该企业在洗化用品行业处于领先地位	Guido Berens, Cees B. M. van Riel, and Gerrit H. van Bruggen, "Corporate Associations and Consumer Product Responses: The Moderating Role of Corporate Brand Dominance," *Journal of Marketing*, vol. 69, no.3 (2005), pp. 35-48
	2	该企业在洗化用品行业有很强的研究和发展能力	
	3	该企业是一家竞争能力很强的公司	
	4	该企业能提供质量很好的产品	
	5	该企业能提供质量很高的售后服务	
	6	该企业是一家管理水平很高的公司	

① 参见谷奇峰、丁慧平：《企业能力理论研究综述》，《北京交通大学学报》（社会科学版）2009 年第 1 期。

② 参见杜纲、姚长佳、王军平：《企业能力的关键维度及分析模型》，《天津大学学报》（社会科学版）2002 年第 2 期。

2.对企业道德感知的测量

企业道德指的是指导企业生产和经营管理过程的行为准则及道德规范。[①] 如前文所述，大部分学者从三个层次来理解企业道德，虽然不同学者对于每个层次有不同的划分，但大部分学者把法律责任归为企业道德的最基本层，中间层包括保护员工的合法权益、依法纳税等，企业对慈善等公益事业或环境保护等方面的支持则被大多数学者归为企业道德的最高层。[②] 本书结合前人的研究结果，设计了消费者对企业道德感知的测量量表，包括 3 个题项：该企业的经营行为符合法律规范，该企业的经营行为符合道德规范，该企业积极开展对整个社会有贡献的活动（见表 4-6）。

表 4-6　企业道德感知的测量题项

变量名称	编号	测量题项	题项来源
企业道德感知	1	该企业的经营行为符合法律规范	金立印：《企业社会责任运动测评指标体系实证研究——消费者视角》，《中国工业经济》2006 年第 6 期，第 114～120 页
	2	该企业的经营行为符合道德规范	
	3	该企业积极开展对整个社会有贡献的活动	

3.对企业利他动机感知的测量

企业动机感知指的是消费者对企业动机的判断，分为利他动机和利己动机。本书主要考察消费者对企业利他动机的感知。本书结合前人的研究结果，设计了消费者对企业利他动机感知的测量量表，包括 6 个题项：该企业的公益事业行为的确是为了更好地为消费者创造价值，该企业的公益事业行为的确是为了更好地促进社会的进步，该企业为公益事业提供了经济方面的援助，该企业将一定比重的销售额分配用于捐赠活动，该企业的公益事业行为是为了实实在在地促进社会公益事业的发展，该企业将利润的一部分用于回馈社会（见表 4-7）。

① 参见魏新强：《国内企业道德研究综述》，《区域经济评论》2010 年第 2 期。

② 参见金桂生、王海艳：《基于企业道德层次的消费者品牌忠诚度》，《经管研究》2013 年第 9 期。

表 4-7 企业利他动机感知的测量题项

变量名称	编号	测量题项	题项来源
企业利他动机感知	1	该企业的公益事业行为的确是为了更好地为消费者创造价值	M. Antonio and J. F. Charles, "Measuring Corporate Social Responsibility," *Corporate Reputation Review*, vol. T. no. 4 (2005), pp. 304-308
	2	该企业的公益事业行为的确是为了更好地促进社会的进步	
	3	该企业为公益事业提供了经济方面的援助	
	4	该企业将一定比重的销售额分配用于捐赠活动	
	5	该企业的公益事业行为是为了实实在在地促进社会公益事业的发展	
	6	该企业将利润的一部分用于回馈社会	

4.2.3 对消费者依恋的测量

消费者依恋指的是消费者与企业或品牌之间的情感纽带。以往学者从品牌热爱、亲密度、依赖水平、自我联想等维度对消费者情感依恋进行测量。卡罗尔(B. A. Carroll)和阿胡瓦(A. C. Ahuvia)以品牌热爱为维度研究品牌依恋,他们发现消费者与品牌之间的关系会让消费者感到快乐、幸福等。[①] 虽然这种情感题项内容全面,但过于单一的表达形式让被访者很难区分各种情感。还有学者从依恋的多维度进行测量,比如亲密程度、自我联想等。[②] 他们的题项表达方式比较丰富,具有具体化的描述,便于被访者理解,比如我觉得我与此品牌有关联。本书结合深度访谈结果以及现有文献的量表,考量了消费者依恋中的亲密程度、自我联想等维度,设计了 4 个题项:我认为我是最懂这个品牌的人;这个品牌与我有许多相同的特质;从这个品牌中得到的快乐是其他品牌不能给予的;若必须放弃这个品牌,我会很想念它(见表 4-8)。

① 参见 B. A. Carroll and A. C. Ahuvia, "Some Antecedents and Outcomes of Brand Love," *Marketing Letters*, vol. 17, no. 2 (2006), pp. 79-89。

② 参见 C. W. Park, D. J. MacInnis, and J. Priester, "Brand Attachment and Brand Attitude Strength: Conceptual and Empirical Differentiation of Two Critical Brand Equity Drivers," *Journal of Marketing*, vol. 74, no. 6 (2010), pp. 1-17。

表 4-8　消费者依恋的测量题项

变量名称	编号	测量题项	题项来源
消费者依恋	1	我认为我是最懂这个品牌的人	B. Carroll and A. Ahuvia, "Some Antecedents and Outcomes of Brand Love," *Marketing Letters*, vol. 17, no. 2 (2006), pp. 78-89; C. W. Park, D. J. MacInnis, and J. Priester, "Brand Attachment and Brand Attitude Strength: Conceptual and Empirical Differentiation of Two Critical Brand Equity Drivers," *Journal of Marketing*, vol. 74, no. 6 (2010), pp. 1-17
	2	这个品牌与我有许多相同的特质	
	3	从这个品牌中得到的快乐是其他品牌不能给予的	
	4	若必须放弃这个品牌,我会很想念它	

4.2.4　对消费者忠诚意愿的测量

消费者忠诚意愿指的是消费者对品牌持续的喜爱和投资,它涵盖情感和行为两个维度。本书结合乔杜里(A. Chaudhuri)和帕克的量表,提出 6 个题项,它们分别是:我迫切想了解该企业与公益事业有关的产品信息;我愿意为参与公益事业的企业的产品支付更高的价格;我愿意通过购买该企业的产品来参与其公益事业;我会持续购买参与公益事业的企业的产品;我会一直忠诚于这个品牌;为了向慈善事业提供帮助,我会向他人推荐该品牌(见表 4-9)。

表 4-9　消费者忠诚意愿的测量题项

变量名称	编号	测量题项	文献来源
消费者忠诚意愿	1	我迫切想了解该企业与公益事业有关的产品信息	A. Chaudhuri and M. B. Holbrook, "The Chain of Effects from Brand Trust and Brand Affect to Brand Performance: The Role of Brand Loyalty," *Journal of Marketing*, vol. 65, no. 2 (2001), pp. 81-93; C. W. Park, D. J. MacInnis, and J. Priester "Brand Attachment: Construct, Consequences and Causes," *Foundations & Trends in Marketing*, vol. 1, no. 3 (2006), pp. 191-230
	2	我愿意为参与公益事业的企业的产品支付更高的价格	
	3	我愿意通过购买该企业的产品来参与其公益事业	
	4	我愿意持续购买参与公益事业的企业的产品	
	5	我会一直忠诚于这个品牌	
	6	为了向慈善事业提供帮助,我会向他人推荐该品牌	

4.2.5 对依恋逃避的测量

依恋逃避较强的个体往往自我依赖感较强，对他人表现出不信任。他们对与他人的亲密比较排斥，试图拉远自身与他人之间的距离。[①] 本书采用了哈森和谢弗的量表，包含 4 个题项：我对于与别人亲近感觉不舒服，我发现很难完全信任别人，我不喜欢向他人寻求帮助，我发现我很难依赖别人（见表 4-10）。

表 4-10 依恋逃避的测量题项

变量名称	编号	测量题项	文献来源
依恋逃避	1	我对于与别人亲近感觉不舒服	C. Hazen and P. R. Shaver, "Romantic Love Conceptualized as Attachment Process," *Journal of Personality and Social Psychology*, vol. 52, no. 3(1987), pp. 511-524
	2	我发现很难完全信任别人	
	3	我不喜欢向他人寻求帮助	
	4	我发现我很难依赖别人	

4.2.6 对自我提升的测量

自我提升是群体中的成员能够在这个群体中获得的对这个群体和自我的认可及对自我的完善。本书采用克莱尔（E. G. Clary）等研究出的成熟量表。它包括 3 个题项：当帮助他人时，我有一种被需要的感觉；当帮助他人时，我感觉我变得更加重要；当帮助他人时，我感觉我的精神层面得到了升华（见表 4-11）。

---

① 参见 P. R. Shaver and M. Mikulincer, "Attachment Theory and Research: Resurrection of the Psychodynamic Approach to Personality," *Journal of Research in Personality*, vol. 39, no. 1 (2005), pp. 22-45。

表 4-11　自我提升的测量题项

变量名称	编号	测量题项	题项来源
自我提升	1	当帮助他人时，我有一种被需要的感觉	E. G. Clary, M. Snyder, R. D. Ridge, J. Copeland, A. A. Stukas, J. Haugen, and P. Miene, "Understanding and Assessing the Motivations of Volunteers: A Functional Approach," *Journal of Personality and Social Psychology*, vol. 74, no. 6, pp. 15-16
	2	当帮助他人时，我感觉我变得更加重要	
	3	当帮助他人时，我感觉我的精神层面得到了升华	

4.3　问卷预测试

根据吴明隆对题项的要求，预测试样本数量最少为题项最多的测量量表数量的 3 倍。[①] 本书题项最多的测量量表是消费者善因营销活动感知的测量量表，该部分量表共 15 题，发放预测试问卷共 124 份，问卷数量满足该要求。预测试的目的是初步评估量表的信度和效度，并对问卷进行修正完善。

首先邀请 30 位被访者对问卷进行评论，修正项目中有歧义的语句以及模糊的表述。然后采用"滚雪球"的方式展开调查，预测试问卷发放时间为 2016 年 11 月 1～13 日。本书运用 SPSS 23.0 软件对预测试量表的信度和效度进行检验。

4.3.1　信度检验

吴明隆指出信度是指测量结果的一致性或稳定性，指的是如果测量重复进行，一个量表产生一致性结果的程度。本书采用 Cronbach's Alpha 系数测度问卷整体和各项目的信度，通过测量同因子下各变量间的一致性以及量表整体的一致性来衡量所得结果的内部一致性程度。通过计算，若 Cronbach's Alpha 系

① 参见吴明隆：《问卷统计分析实务——SPSS 操作与应用》，重庆大学出版社 2010 年版，第 237～245 页。

数为 0.7(含)～0.9,就可以说测量量表的信度是可以接受的;若 Cronbach's Alpha 系数为 0.5(含)～0.7,则可以通过该系数判定测量题项存在一定问题;若该值不到 0.5,则表示该量表存在很大问题,需要重新设计。

在对问卷进行前测时,要通过因子分析对初始测量题项进行筛选净化。如果不通过净化条款,利用初始题项对模型进行因子分析,将会出现多维度的情况,导致无法对每个因子的含义进行解释。利用校正的项总计相关性,计算各个条款之间的相关系数,当校正的项总计相关性小于 0.5 时,就需要删除该项条款进行净化,以免出现多维度。同时,如果项已删除的 Cronbach's Alpha 系数大于维度的 Cronbach's Alpha 系数,则说明该项目也需要删除。检验结果如表 4-12 所示。

表 4-12　信度检验

题项	项已删除的刻度均值	项已删除的刻度方差	校正的项总计相关性指数	项已删除的 Cronbach's Alpha 系数	Cronbach's Alpha 系数
YLTB1	9.29	4.350	0.720	0.771	0.843
YLTB2	9.09	4.829	0.708	0.783	
YLTB3	9.29	4.725	0.700	0.789	
YLTB4	9.12	4.701	0.703	0.781	
ZWTS1	11.02	19.476	0.709	0.880	0.890
ZWTS2	11.22	20.109	0.774	0.854	
ZWTS3	11.23	19.742	0.839	0.832	
TRD1	25.92	23.166	0.784	0.908	0.923
TRD2	25.88	22.891	0.769	0.910	
TRD3	25.84	23.575	0.763	0.911	
TRD4	25.81	22.106	0.811	0.904	
TRD5	25.91	22.688	0.809	0.905	
YZX1	9.42	5.433	0.691	0.795	0.841
YZX2	9.47	6.142	0.661	0.819	
YZX3	9.43	5.404	0.768	0.716	

续表

题项	项已删除的刻度均值	项已删除的刻度方差	校正的项总计相关性指数	项已删除的 Cronbach's Alpha 系数	Cronbach's Alpha 系数
PPD1	8.47	10.861	0.745	0.880	0.890
PPD2	8.08	10.697	0.785	0.843	
PPD3	8.09	10.969	0.828	0.809	
SSX1	9.05	7.505	0.635	0.811	0.821
SSX2	8.84	7.887	0.798	0.635	
SSX3	8.56	9.170	0.618	0.809	
NLGZ1	23.86	26.730	0.803	0.845	0.882
NLGZ2	23.83	25.611	0.766	0.849	
NLGZ3	23.47	26.141	0.793	0.845	
NLGZ4	23.71	27.803	0.747	0.855	
NLGZ5	23.49	27.127	0.761	0.852	
NLGZ6	23.90	29.638	0.684	0.820	
LTGZ1	9.95	7.427	0.833	0.922	0.932
LTGZ2	9.60	7.055	0.888	0.879	
LTGZ3	9.53	6.720	0.862	0.901	
LTGZ4	9.50	6.708	0.860	0.899	
LTGZ5	9.61	7.057	0.890	0.881	
LTGZ6	9.90	7.410	0.815	0.917	
DDGZ1	9.54	8.219	0.597	0.605	0.735
DDGZ2	9.61	8.177	0.506	0.715	
DDGZ3	9.37	8.204	0.577	0.626	
XFYL1	14.33	16.568	0.890	0.884	0.926
XFYL2	14.43	17.654	0.776	0.921	
XFYL3	14.31	16.950	0.828	0.904	
XFYL4	14.43	16.982	0.821	0.906	

续表

题项	项已删除的刻度均值	项已删除的刻度方差	校正的项总计相关性指数	项已删除的 Cronbach's Alpha 系数	Cronbach's Alpha 系数
ZCYY1	26.04	27.038	0.796	0.942	0.947
ZCYY2	26.13	26.756	0.822	0.939	
ZCYY3	25.88	25.572	0.864	0.934	
ZCYY4	25.89	26.535	0.824	0.939	
ZCYY5	25.81	27.001	0.818	0.939	
ZCYY6	25.83	25.705	0.902	0.929	

注：YLTB 指依恋逃避，ZWTS 指自我提升，TRD 指投入度，YZX 指一致性，PPD 指匹配度，SSX 指适时性，NLGZ 指能力感知，LTGZ 指利他动机感知，DDGZ 指道德感知，XFYL 指消费者依恋，ZCYY 指消费者忠诚意愿。

根据表 4-12 可以得出以下结论。

依恋逃避量表的 Cronbach's Alpha 系数为 0.843，校正的项总计相关性指数都大于 0.5，这说明依恋逃避量表具有很高的信度。

自我提升量表的 Cronbach's Alpha 系数为 0.890，校正的项总计相关性指数都大于 0.5，这说明自我提升量表具有很高的信度。

投入度量表的 Cronbach's Alpha 系数为 0.923，校正的项总计相关性指数都大于 0.5，这说明，投入度量表具有很高的信度。

一致性量表中第四个题项校正的项总计相关性指数小于 0.5，且删除第六题项后 Cronbach's Alpha 系数有所上升，因此应删除这两个题项；其余各项校正的项总计相关性指数均大于 0.5，且删除后的 Cronbach's Alpha 系数并没有上升，因此其他各题项应予以保留，使整体样本具有较好的信度。所以一致性量表中保留其他三个题项。

匹配度量表的 Cronbach's Alpha 系数为 0.890，校正的项总计相关性指数都大于 0.5，这说明匹配度量表具有很高的信度。

适时性量表的 Cronbach's Alpha 系数为 0.821，校正的项总计相关性指数都大于 0.5，这说明适时性量表具有很高的信度。

能力感知量表的 Cronbach's Alpha 系数为 0.882,校正的项总计相关性指数都大于 0.5,这说明能力感知量表具有很高的信度。

利他动机感知量表的 Cronbach's Alpha 系数为 0.932,校正的项总计相关性指数都大于 0.5,这说明利他动机量表具有很高的信度。

道德感知量表的 Cronbach's Alpha 系数为 0.735,校正的项总计相关性指数都大于 0.5,这说明道德感知量表具有很高的信度。

消费者依恋量表的 Cronbach's Alpha 系数为 0.926,校正的项总计相关性指数都大于 0.5,这说明消费者依恋量表具有很高的信度。

忠诚意愿量表的 Cronbach's Alpha 系数为 0.947,校正的项总计相关性指数都大于 0.5,这说明忠诚意愿量表具有很高的信度。

4.3.2 效度检验

效度是指测量内容的有效性,它被用来具体地衡量题项是否能够测量出被测量对象的特征。效度越高,越能反映被测量变量的特征。[①] 区分效度是指不同潜在变量的题项测量值应具有较低的相关性。收敛效度是指测量同一个潜在变量的题项需要与测量同一概念的其他题项的测量值具有高度的相关性。内容效度是指测量题项是否准确测量了研究中想要测量的变量。本书采用因子分析检验其效度,因子分析前,首先进行 KMO 值和 Bartlett 球形检验。KMO 检验系数大于 0.5,Bartlett 球形检验显著性概率小于 0.05 时,问卷才有结构效度,才能进行因子分析。

通过数据分析,得到总量表的 KMO 值为 0.858,大于 0.7;Bartlett 球形检验的近似卡方值为 4506.350,显著性概率为 0.000($P<0.01$),因此数据适合做因子分析(见表 4-13)。

① 参见吴明隆:《结构方程模型——AMOS 的操作与应用》,重庆大学出版社 2010 年版,第 263～265 页。

表 4-13　KMO 值和 Bartlett 球形检验

总量表 KMO 值	Bartlett 球形检验		
0.858	近似卡方值	df	显著性概率
	4506.350	903	0.000

在因子分析过程中，采用主成分分析法（principal factor analysis），并以方差最大正交旋转进行因子旋转，提取 11 个特征值大于 1 的主因子，结果发现主因子的总方差解释率为 80.208%，大于 60%，解释效果较为理想（见表 4-14）。

表 4-14　解释总方差

	初始特征值			提取平方和载入			旋转平方和载入		
	合计	方差(%)	累积(%)	合计	方差(%)	累积(%)	合计	方差(%)	累积(%)
1	13.508	31.415	31.415	13.508	31.415	31.415	5.150	11.977	11.977
2	3.530	8.208	39.623	3.530	8.208	39.623	4.519	10.510	22.487
3	3.162	7.354	46.977	3.162	7.354	46.977	3.616	8.409	30.896
4	2.601	6.048	53.025	2.601	6.048	53.025	3.514	8.172	39.068
5	2.211	5.142	58.167	2.211	5.142	58.167	3.183	7.403	46.471
6	2.104	4.894	63.060	2.104	4.894	63.060	2.860	6.652	53.123
7	1.921	4.467	67.528	1.921	4.467	67.528	2.756	6.408	59.531
8	1.654	3.846	71.374	1.654	3.846	71.374	2.424	5.636	65.167
9	1.507	3.504	74.878	1.507	3.504	74.878	2.258	5.252	70.420
10	1.283	2.984	77.862	1.283	2.984	77.862	2.214	5.149	75.569
11	1.009	2.346	80.208	1.009	2.346	80.208	1.995	4.640	80.208

可将 46 个问题选项归类为 11 个主成分，通过旋转后的成分矩阵可知，每个题项的因子载荷均高于 0.5，且不存在双重因子载荷均高的情况，每个维度下的题项均按照理论分布聚合到一起，说明问卷有较高的内容效度（见表4-15）。

表 4-15　旋转成分矩阵

题项	成分										
	1	2	3	4	5	6	7	8	9	10	11
YLTB1	0.134	0.039	0.026	−0.042	0.027	0.047	0.071	0.890	0.018	0.022	−0.021
YLTB2	0.111	0.048	0.183	0.006	0.097	−0.056	0.058	0.815	0.057	0.069	0.236
YLTB3	0.036	0.180	0.074	0.133	−0.052	0.240	0.073	0.804	0.034	0.068	0.148
YLTB4	0.061	0.147	0.015	0.037	0.076	0.162	0.182	0.823	0.063	0.056	0.232
ZWTS1	0.003	0.090	0.174	0.069	0.812	−0.057	−0.030	0.242	−0.083	−0.104	−0.045
ZWTS2	−0.053	−0.039	−0.001	−0.081	0.866	−0.065	0.006	0.016	−0.124	−0.033	−0.007
ZWTS3	−0.120	−0.069	0.070	0.006	0.898	−0.032	−0.035	−0.130	−0.101	−0.137	0.021
TRD1	0.186	0.816	0.201	−0.060	−0.012	0.133	0.101	0.132	0.004	0.079	−0.015
TRD2	0.326	0.714	0.204	0.118	−0.007	0.139	0.021	−0.002	0.118	0.111	0.088
TRD3	0.133	0.760	0.145	0.169	0.034	0.010	0.186	0.098	0.216	0.080	0.096
TRD4	0.141	0.821	0.100	0.131	−0.099	0.201	0.110	0.059	0.042	0.077	0.123
TRD5	0.336	0.737	0.203	0.185	−0.100	0.039	0.082	0.029	0.054	0.136	0.128
YZX1	0.092	0.118	0.312	0.171	−0.139	0.120	0.267	0.125	0.685	0.095	0.188
YZX2	0.064	0.130	0.055	0.016	−0.163	0.144	0.031	0.007	0.821	0.192	0.048
YZX3	0.127	0.178	0.064	0.087	−0.124	0.048	0.251	0.043	0.801	0.154	0.106
PPD1	0.018	0.076	0.127	0.010	0.085	0.057	0.852	0.081	0.101	−0.026	−0.012
PPD2	0.075	0.138	0.147	0.044	−0.064	0.066	0.847	0.009	0.214	0.028	0.046
PPD3	0.038	0.136	0.110	0.008	0.015	0.085	0.904	0.091	0.053	0.027	0.048
SSX1	0.092	0.141	0.197	0.043	−0.038	0.176	0.081	0.110	0.187	0.791	−0.017
SSX2	0.044	0.222	0.032	0.211	−0.160	−0.013	−0.016	0.068	0.169	0.842	0.014
SSX3	0.256	0.081	0.061	0.332	−0.064	−0.096	−0.038	−0.014	0.080	0.721	0.143
NLGZ1	0.226	0.190	0.805	0.101	−0.013	0.061	0.223	0.169	0.071	0.024	0.041
NLGZ2	0.293	0.256	0.757	0.060	0.012	0.141	0.218	0.061	−0.042	0.115	0.056
NLGZ3	0.300	0.343	0.711	0.171	0.083	0.112	0.034	0.155	0.106	−0.001	0.029
NLGZ4	0.267	0.169	0.765	0.128	0.068	0.044	0.056	0.016	0.160	0.128	0.146
NLGZ5	0.269	0.292	0.646	0.149	−0.073	0.216	0.102	0.019	0.155	0.132	0.186

续表

题项	成分										
	1	2	3	4	5	6	7	8	9	10	11
NLGZ6	0.312	0.285	0.701	0.211	0.061	0.052	0.136	0.097	0.182	0.152	0.171
LTGZ1	0.080	0.072	0.161	0.039	−0.018	0.889	0.220	0.064	0.126	0.044	0.008
LTGZ2	0.142	0.201	0.046	0.091	−0.128	0.884	0.038	0.116	0.103	−0.003	0.072
LTGZ3	0.167	0.198	0.143	0.156	−0.054	0.865	−0.008	0.028	0.036	0.043	0.156
LTGZ4	0.126	0.053	0.162	0.126	0.082	0.826	0.021	0.091	0.121	0.292	0.132
LTGZ5	0.110	0.082	0.151	0.312	0.251	0.852	0.291	0.211	0.035	0.312	0.095
LTGZ6	0.132	0.096	0.231	0.225	0.028	0.861	0.031	0.121	0.385	0.215	0.033
DDGZ1	0.062	0.120	0.122	0.091	0.044	0.043	−0.021	0.141	0.075	0.083	0.842
DDGZ2	0.288	0.084	0.073	0.072	−0.065	0.037	0.189	0.118	0.098	0.052	0.677
DDGZ3	0.301	0.215	0.134	−0.005	0.150	0.326	−0.097	0.109	0.140	−0.074	0.626
XFYL1	0.200	0.179	0.153	0.870	−0.036	0.124	−0.071	0.002	0.025	0.124	0.079
XFYL2	0.195	0.122	0.119	0.843	−0.004	0.100	0.082	0.041	−0.110	0.100	−0.036
XFYL3	0.193	0.131	0.071	0.856	−0.013	0.013	−0.064	0.030	0.151	0.091	−0.008
XFYL4	0.134	0.085	0.097	0.830	0.052	0.079	0.159	0.016	0.173	0.189	0.182
ZCYY1	0.788	0.191	0.199	0.179	−0.054	0.001	0.090	0.133	0.048	0.060	−0.006
ZCYY2	0.833	0.144	0.156	0.096	−0.030	0.087	0.054	0.090	−0.021	0.155	0.081
ZCYY3	0.788	0.180	0.267	0.218	−0.125	0.058	−0.016	0.086	0.081	0.115	0.132
ZCYY4	0.789	0.224	0.182	0.131	−0.097	0.150	−0.001	0.034	0.061	0.092	0.125
ZCYY5	0.789	0.250	0.143	0.136	−0.030	0.109	0.026	0.073	0.129	−0.024	0.166
ZCYY6	0.840	0.257	0.212	0.144	−0.028	0.121	0.052	−0.007	0.060	0.035	0.139

注：①YLTB指依恋逃避，ZWTS指自我提升，TRD指投入度，YZX指一致性，PPD指匹配度，SSX指适时性，NLGZ指能力感知，LTGZ指利他动机感知，DDGZ指道德感知，XFYL指消费者依恋，ZCYY指消费者忠诚意愿。

②提取方法为主成分分析法。旋转法指Kaiser标准化的正交旋转法。旋转在7次迭代后收敛。

4.4　正式问卷调查

问卷调查的方法有很多种，笔者利用“滚雪球”的方式进行网络调查，同时成立调研小组进行街头随机调研。这两种方法有各自的优点。“滚雪球”网络调查法有成本低、便捷和快速的特点。而街头拦截填问卷的方法，首先能保证从消费者大样本中抽取调研对象；其次是调研人员可对消费者提出的疑问进行及时有效的解答，并且能够引导被访者完整填写问卷，及时检查，提高问卷填写的有效性，填写问卷过程中，还能及时观测被访者的状态；最后，可以避免熟人样本这一缺陷。这两种调查方法呈现相辅相成的状态，能够较为广泛地覆盖样本的特征。

本次问卷调查的起始日期为 2016 年 12 月 1 日，结束日期为 2016 年 12 月 23 日。首先成立了问卷调查小组，从外国语学院挑选了 12 位本科生(年级为大三、大四)，因笔者工作关系，与这些学生已接触 1～2 年，发现他们具备良好的沟通组织能力。其次对调研小组成员进行培训，对本次调研的研究对象、研究目的、问卷调查的实施步骤进行了讲解，尤其是对有效问卷的标准、对被访对象的选择进行了说明。最后，将这 12 名大学生分成 2 组，每组 6 人，要求他们可以利用课外时间或者周末，到校区附近的街道进行街头拦截调研。除此之外，集中 4 天时间，在济南市的各个景区进行了调研。之所以选择景区，一是因为景区客流量较大，二是因为景区休闲休憩人员较多。而本书的善因营销问题是几乎每个消费者都有可能面对的问题。整个街头拦截调研过程中，为每位被访者准备了圆珠笔作为小礼品，填写问卷前首先给予他们圆珠笔，在一定程度保证了调研的有效性，促使被访者认真填写问卷。因培训时对调研小组成员强调，要注意填写问卷的人员在年龄以及性别方面分布均衡，所以这也在一定程度上提升了样本的代表性。

“滚雪球”网络调查的具体操作是通过微信群、QQ 等网络社交方式，邀请亲朋好友及其熟人填写问卷；除此之外，还购买了问卷星网站的问卷发布服务。通过“滚雪球”的方式共收集问卷 299 份。问卷填写设置为填写完所有题项才能提交，因此回收的问卷均无漏答题项。问卷结果收集后，首先进行初步筛选，剔除回答问卷总时间过短的问卷（问卷星可显示手机、电脑答题总计时间），其次剔除勾选选项为同一个选项的问卷。最终剔除无效问卷 7 份，得到有效问卷 292 份。

街头随机调研具体操作如下：两名同学一组，一名同学负责拦截街头或者景区过往的行人，另一名同学立即讲明问卷调查的目的，强调问卷为匿名填写。大多数被访者了解到统计结果只为做学术研究和统计分析，不是出于商业目的，所以配合意愿较高。回收时调研小组成员会对问卷进行检查，如若发现填写漏项和个人信息不完整，及时督促被访者补充，这保证了问卷的填写质量。同时，被访者填写问卷时，调研小组成员与被访者保持一段距离，目的是避免对被访者造成心理压力，导致填写问卷的错误和不真实。经过 30 份左右的问卷填写后，可以发现问卷填写时间为 4～5 分钟，所以在之后的问卷调研过程中，对被访者填写问卷的时间进行了把控和记录，以便在现场即可剔除填写时间过短的问卷，比如填写了 1 分钟的问卷。在问卷填写现场就进行了问卷的筛选和剔除工作，剔除了填写时间过短、个人信息不完整以及问题题项漏选的问卷。同时，通过筛查，对那些勾选选项集中在某一分值的问卷也进行了剔除。调研小组使用随机街头拦截的方式共发放问卷 350 份，剔除无效问卷 28 份，得到有效问卷 322 份。

笔者对两种方式得到的问卷进行信度和效度分析，结果表明两种方式回收的问卷具有极小的差异，因此，将其合并为一个大样本展开研究，即共计获得有效问卷 614 份。

4.5 本章小结

本章通过梳理文献，结合扎根理论和深度访谈结果，对研究模型中的测量量表进行了初步设计，经过两轮修改，即被访者修正和预测试修正，确定了正式调查问卷。正式调查问卷选用李克特七级量表，首先介绍了调研目的和基本注意事项，然后提供情境，对模型中的变量进行测量。

第5章　数据分析

本章将对正式调研数据进行分析，通过 SPSS 23.0 和 AMOS 21.0 对统计数据进行处理。首先，本章对样本特征进行描述性分析。其次，采用 SPSS 23.0 对数据的信度和效度进行检验，并进行验证纯因子分析以保证数据的质量。最后，验证模型假设，检验消费者善因营销感知对消费者忠诚意愿的影响机制。

5.1　样本特征及描述性统计分析

5.1.1　样本特征分析

由表 5-1 可知，总样本量为 614。在 614 位被访者中，男性有 285 位，占比为 46.4%；女性有 329 位，占比为 53.6%。年龄在 18 岁以下的有 8 人，占比为 1.3%；年龄为 18～25 岁的有 165 人，占比为 26.9%；年龄为 26～30 岁的有 175 人，占比为 28.5%；年龄为 41～50 岁的有 209 人，占比为 34.0%；年龄为 51～60 岁的有 57 人，占比为 9.3%。学历为初中及以下的有 6 人，占比为 1.0%；学历为高中、中专或技校的有 28 人，占比为 4.6%；学历为大专或本科的有 441 人，占比为 71.8%；学历为研究生(硕、博)的有 139 人，占比为 22.6%。月收入在 2000 元及以下的有 126 人，占比为 20.5%；月收入为

2001～4000 元的有 94 人，占比为 15.3%；月收入为 4001～6000 元的有 149 人，占比为 24.3%；月收入为 6001～8000 元的有 122 人，占比为 19.9%；月收入为 8001～10000 元的有 74 人，占比为 12.1%；月收入在 10000 元以上的有 49 人，占比为 8.0%。

表 5-1　问卷调查样本特征分析

特征	分类	频数(人)	占比(%)
性别	男	285	46.4
	女	329	53.6
年龄	18 岁以下	8	1.3
	18～25 岁	165	26.9
	26～30 岁	175	28.5
	31～40 岁	209	34.0
	41～50 岁	57	9.3
学历	初中及以下	6	1.0
	高中、中专或技校	28	4.6
	大专或本科	441	71.8
	研究生(硕、博)	139	22.6
月收入	2000 元及以下	126	20.5
	2001～4000 元	94	15.3
	4001～6000 元	149	24.3
	6001～8000 元	122	19.9
	8001～10000 元	74	12.1
	10000 元以上	49	8.0

综上可知，调查样本具有多样性和代表性。以上样本与预调研的样本特征基本保持一致，确保了数据的可靠性。从调研的基本数据可以看出，填写问卷

的被访者大多数接受过高等教育，占 94.4%。正是这一群体的消费者了解善因营销的概念并对慈善事业有较高的卷入度。他们同时也是企业设计善因营销活动时关注的重要消费群体。超过 90%的受访者年龄为 18～50 岁，这部分消费者消费力比较强、对善因营销概念理解深刻。

5.1.2　样本描述性统计分析

此次研究采用李克特七级量表计分，中位数为 4 分。问卷调查量表各题项的描述性统计结果显示：依恋逃避维度包含的 4 个题项中，第 2 个题项的得分最高，为 3.79 分，标准差较大，说明该维度题项的得分低于平均水平且数据组内波动较大；自我提升维度包含的 3 个题项中，第 3 个题项得分最低，为 4.63 分，大于中位数；投入度维度包含的 5 个题项中，第 1 个和第 4 个题项得分最低，均为 5.34 分；一致性维度包含的 3 个题项中，第 2 个题项得分最低，为 4.88 分，高于中位数水平；匹配度维度包含的 3 个题项中，第 1 个题项得分最低，为 4.44 分，高于中位数水平；适时性维度包含的 3 个题项中，第 1 个题项得分最低，为 4.84 分，高于中位数水平；能力感知维度包含的 6 个题项中，第 1 个题项得分最低，为 4.73 分，高于中位数水平；利他动机感知维度包含的 6 个题项中，第 6 个题项得分最低，为 4.77 分，高于中位数水平；道德感知维度包含的 3 个题项中，第 2 个题项得分最低，为 5.32 分，高于中位数水平；消费者依恋维度包含的 4 个题项中，第 2 个题项得分最低，为 5.07 分，高于中位数水平；忠诚意愿维度包含的 6 个题项中，第 2 个题项得分最低，为 4.93 分，仍然高于中位数水平，且除依恋逃避以外的十个维度的均值分别为 4.708、5.382、4.923、4.693、5.020、4.937、5.020、5.387、5.185、5.197，均高于量表中位数水平，说明被调查者对除依恋逃避以外的各维度评价均较高。依恋逃避维度的均值为 3.713，说明依恋逃避的消费者较少（见表 5-2）。

表 5-2　问卷调查样本描述性统计

维度	题项	题项均值	标准差	维度均值
依恋逃避	YLTB1	3.74	1.682	3.713
	YLTB2	3.79	1.610	
	YLTB3	3.61	1.672	
	YLTB4	3.71	1.657	
自我提升	ZWTS1	4.74	1.276	4.708
	ZWTS2	4.75	1.273	
	ZWTS3	4.63	1.248	
投入度	TRD1	5.34	1.171	5.382
	TRD2	5.39	1.232	
	TRD3	5.40	1.190	
	TRD4	5.34	1.279	
	TRD5	5.44	1.274	
一致性	YZX1	4.95	1.265	4.923
	YZX2	4.88	1.238	
	YZX3	4.94	1.265	
匹配度	PPD1	4.44	1.519	4.693
	PPD2	4.89	1.233	
	PPD3	4.75	1.269	
适时性	SSX1	4.84	1.324	5.020
	SSX2	5.04	1.381	
	SSX3	5.18	1.334	
能力感知	NLGZ1	4.73	1.202	4.937
	NLGZ2	4.79	1.295	
	NLGZ3	5.06	1.259	
	NLGZ4	4.93	1.272	
	NLGZ5	5.06	1.274	
	NLGZ6	5.05	1.260	

续表

维度	题项	题项均值	标准差	维度均值
利他动机感知	LTGZ1	4.84	1.311	5.020
	LTGZ2	5.09	1.277	
	LTGZ3	5.13	1.404	
	LTGZ4	5.21	1.256	
	LTGZ5	5.08	1.231	
	LTGZ6	4.77	1.293	
道德感知	DDGZ1	5.37	1.323	5.387
	DDGZ2	5.32	1.297	
	DDGZ3	5.47	1.260	
消费者依恋	XFYL1	5.21	1.266	5.185
	XFYL2	5.07	1.253	
	XFYL3	5.25	1.253	
	XFYL4	5.21	1.293	
消费者忠诚意愿	ZCYY1	5.00	1.147	5.197
	ZCYY2	4.93	1.248	
	ZCYY3	5.24	1.279	
	ZCYY4	5.29	1.239	
	ZCYY5	5.42	1.205	
	ZCYY6	5.30	1.220	

5.2　问卷调查数据质量分析

5.2.1　信度分析

本书采用 Cronbach's Alpha 系数测度问卷整体和各维度的内在一致信度，通过测量同因子下各变量间的一致性以及量表整体的一致性来衡量所得结果的内部一致性程度。信度分析一般以 0.70 为衡量标准。

表 5-3 结果显示，量表的 11 个维度——依恋逃避、自我提升、投入度、一致性、匹配度、适时性、能力感知、利他动机感知、道德感知、消费者依恋、消费者忠诚意愿的 Cronbach's Alpha 系数均在 0.70 以上，表明测验或量表的内部一致性较好，因此说明此次调查数据具有较高的内部一致性。

表 5-3 内部一致性检验

维度	Cronbach's Alpha 系数	项数(项)
依恋逃避	0.859	4
自我提升	0.865	3
投入度	0.895	5
一致性	0.878	3
匹配度	0.848	3
适时性	0.862	3
能力感知	0.926	6
利他动机感知	0.864	6
道德感知	0.888	3
消费者依恋	0.904	4
消费者忠诚意愿	0.934	6

由表 5-4 可知，投入度量表的组合信度值为 0.8961，一致性的组合信度值为 0.8903，适时性的组合信度值为 0.8649，匹配度的组合信度值为 0.8623，能力感知的组合信度值为 0.9263，利他动机感知的组合信度值为 0.8681，道德感知的组合信度值为 0.8888，消费者依恋的组合信度值为 0.9044，消费者忠诚意愿的组合信度值为 0.9342，依恋逃避的组合信度值为 0.8601，自我提升的组合信度值为 0.8649。综上可知，各维度的组合信度值均大于 0.70，说明量表整体具有较好的内部一致性。

表 5-4　量表整体内部一致性检验

变量	代码	因子载荷值	平均提取方差值	组合信度
投入度	TRD1	0.843	0.6337	0.8961
	TRD2	0.806		
	TRD3	0.738		
	TRD4	0.758		
	TRD5	0.830		
一致性	YZX1	0.815	0.7316	0.8903
	YZX2	0.784		
	YZX3	0.957		
适时性	SSX1	0.710	0.6834	0.8649
	SSX2	0.832		
	SSX3	0.924		
匹配度	PPD1	0.796	0.6762	0.8623
	PPD2	0.853		
	PPD3	0.817		
能力感知	NLGZ1	0.836	0.6769	0.9263
	NLGZ2	0.827		
	NLGZ3	0.824		
	NLGZ4	0.825		
	NLGZ5	0.815		
	NLGZ6	0.809		
利他动机感知	LTGZ1	0.786	0.6872	0.8681
	LTGZ2	0.863		
	LTGZ3	0.836		
	LTGZ4	0.793		
	LTGZ5	0.806		
	LTGZ6	0.829		

续表

变量	代码	因子载荷值	平均提取方差值	组合信度
道德感知	DDGZ1	0.877	0.7272	0.8888
	DDGZ2	0.866		
	DDGZ3	0.814		
消费者依恋	XFYL1	0.842	0.7029	0.9044
	XFYL2	0.816		
	XFYL3	0.861		
	XFYL4	0.834		
消费者忠诚意愿	XFZZC1	0.794	0.7034	0.9342
	XFZZC2	0.793		
	XFZZC3	0.879		
	XFZZC4	0.859		
	XFZZC5	0.835		
	XFZZC6	0.868		
依恋逃避	YLTB1	0.794	0.6723	0.8601
	YLTB2	0.845		
	YLTB3	0.820		
	YLTB4	0.817		
自我提升	ZWTS1	0.776	0.6155	0.8649
	ZWTS2	0.801		
	ZWTS3	0.785		

5.2.2 效度分析

效度是指测量内容的有效性，它是用来衡量题项是否能够测量出被测量变量的特征。效度越高，越能反映出被测量变量的特征。

1.收敛效度

吴明隆指出收敛效度是指测量同一个潜在变量的题项需要与测量同一构

念的其他题项的测量值具有高度相关性。[①] 用因子载荷与平均提取方差值(AVE)判断量表的收敛效度,因子载荷的最低标准是 0.5,AVE 的判断标准也是 0.5。当因子载荷与 AVE 值都大于 0.5 时,说明其具有较好的收敛效度。由表 5-4 可知,投入度量表的题项中最小因子载荷值是 0.738,大于 0.5,AVE 值为 0.6337,也大于 0.5;一致性题项中最小因子载荷值是 0.784,大于 0.5,AVE 值为 0.7316,也大于 0.5;适时性题项中最小因子载荷值是 0.710,大于 0.5,AVE 值为 0.6834,也大于 0.5;匹配度题项中最小因子载荷值是 0.796,大于 0.5,AVE 值为 0.6762,也大于 0.5;能力感知题项中最小因子载荷值是 0.809,大于 0.5,AVE 值为 0.6769,也大于 0.5;利他动机感知题项中最小因子载荷值是 0.786,大于 0.5,AVE 值为 0.6872,也大于 0.5;道德感知题项中最小因子载荷值是 0.814,大于 0.5,AVE 值为 0.7272,也大于 0.5;消费者依恋题项中最小因子载荷值是 0.816,大于 0.5,AVE 值为 0.7029,也大于 0.5;消费者忠诚意愿题项中最小因子载荷值是 0.793,大于 0.5,AVE 值为 0.7034,也大于 0.5;依恋逃避题项中最小因子载荷值是 0.794,大于 0.5,AVE 值为 0.6723,也大于 0.5;自我提升题项中最小因子载荷值是 0.776,大于 0.5,AVE 值为 0.6155,也大于 0.5。综上可知,各维度所有题项因子载荷值均大于 0.5,且 AVE 值也都大于 0.5,因此量表整体具有较好的收敛效度。

2.区分效度

吴明隆指出区分效度是指测量不同潜在变量的题项测量值应具有较低的相关。[②] 区分效度通过比较各维度 AVE 值与维度间相关系数平方的大小来判断,较好的区分效度要求维度间相关系数的平方均小于 AVE 值。由表 5-4 可知,自我提升维度的 AVE 值最小,为 0.6155;而通过相关性分析可知,消费者忠诚意愿维度与能力感知维度之间的相关系数最大,为 0.652(见表 5-6)。该相关系数的平方为 0.425,最大相关系数的平方都小于 AVE 的最小值,说明维度间相关系数的平方均小于 AVE 值,因此可判断量表整体具有较好的区分效度。

---

① 参见吴明隆:《问卷统计分析实务——SPSS 操作与应用》,重庆大学出版社 2010 年版,第 194～196 页。

② 吴明隆:《问卷统计分析实务——SPSS 操作与应用》,重庆大学出版社 2010 年版,第 194～196 页。

5.2.3 验证性因子分析

验证性因子分析用来检验某一因子与该因子观测变量之间的关系是否符合预先设定的理论关系，它本质上是对调查数据进行统计分析，其本质思想是研究人员根据已有的知识和理论，提出假设并进行推理，构建模型。① 本书使用AMOS 21.0 对模型中五个主要变量进行了验证性因子分析。验证性因子分析的客观评价工具是拟合指数，结构方程模型的拟合指数见表 5-5。

表 5-5 结构方程模型的拟合指数

CMIN	DF	CMIN/DF	GFI	AGFI	NFI	IFI	TLI	CFI	RMSEA
1518.215	805	1.886	0.896	0.878	0.922	0.962	0.957	0.962	0.038

注：GFI 是适配度指数，AGFI 为调整的适配度指数，NFI 为规准适配指数，IFI 为增值适配指数，CFI 为比较适配指数，RMSEA 为渐进残差均方和平方根。

一般卡方自由度比小于 3.0 时表示模型的适配度较佳。当其值小于 1.0 时，表示模型过度适配。AGFI 的值介于 0 和 1 之间，数值越接近 1，表示模型的适配度越好，一般要求 AGFI>0.8。NFI、IFI 和 GFI 指标数值越接近 1，模型的适配度越好，一般要求大于 0.8。RMSEA 越小表示模型的适配度越好，一般可接受的范围是<0.8。从模型拟合结果来看，模型 CMIN 为 1518.215，DF 为 805，CMIN/DF 为 1.886，大于 1 且小于 3，说明模型拟合度较好。GFI、AGFI、NFI、IFI、TLI、CFI 均大于 0.8，反映出模型适配度较好。RMSEA 小于 0.8，说明模型拟合较好。

5.3 变量相关性分析

相关性分析被用于分析研究模型中两个变量之间的相关关系，相关性分析的结果反映了控制一个变量取值引起另一个变量变异的程度，而该程度即相关

① 吴明隆：《结构方程模型—AMOS 的操作与应用》，重庆大学出版社 2010 年版，第 212～260 页。

系数。[①] 分析过程中，主要关注相关系数的正负和系数绝对值的大小，正负代表了变化的方向，即同向变化还是负向变化，绝对值大小代表了关联程度的强弱。绝对值越大，关联程度越强。本书对善因营销活动特征、消费者感知、依恋类型、消费者忠诚意愿之间的关系进行皮尔逊相关分析，分析结果如表5-6所示。

由表5-6可知，投入度、一致性、匹配度、适时性与能力感知的相关系数分别为0.617、0.497、0.488、0.582，对应的显著性水平均小于0.01，具有显著的统计学意义，说明投入度、一致性、匹配度、适时性与能力感知均存在显著的正相关关系。其中，投入度与能力感知之间的关系最为紧密。投入度、一致性、匹配度、适时性与利他动机感知的相关系数分别为0.467、0.385、0.334、0.489，对应的显著性水平均小于0.05，具有显著的统计学意义，说明投入度、一致性、匹配度、适时性与利他动机感知均存在显著的正相关关系。其中，适时性与利他动机感知的关系最为紧密。投入度、一致性、匹配度、适时性与道德感知的相关系数分别为0.560、0.426、0.395、0.451，对应的显著性水平均小于0.05，具有显著的统计学意义，说明投入度、一致性、匹配度、适时性与道德感知也都存在显著的正相关关系。其中投入度与道德感知的关系最为密切。

能力感知、利他动机感知、道德感知与消费者依恋的相关系数分别为0.598、0.479、0.515，对应的显著性水平小于0.05，说明能力感知、利他动机感知、道德感知与消费者依恋存在显著的正相关关系。其中能力感知与消费者依恋的关系最为紧密。

能力感知、利他动机感知、道德感知、依恋逃避、自我提升、消费者依恋与消费者忠诚意愿的相关系数分别是0.652、0.443、0.564、−0.105、0.200、0.603，对应的显著性水平均小于0.05，说明能力感知、利他动机感知、道德感知、自我提升、消费者依恋与消费者忠诚意愿均存在显著的正相关关系，依恋逃避与消费者忠诚意愿存在显著的负相关关系。

① 吴明隆：《问卷统计分析实务 SPSS操作与应用》，重庆大学出版社2010年版，第311～320页。

表 5-6　皮尔逊相关性检验

	相关性/显著性	依恋逃避	自我提升	投入度	一致性	匹配度	适时性	能力感知	利他动机感知	道德感知	消费者依恋	消费者忠诚意愿
依恋逃避	相关性	1										
	显著性											
自我提升	相关性	0.007	1									
	显著性	0.864										
投入度	相关性	−0.099*	0.182**	1								
	显著性	0.014	0.000									
一致性	相关性	−0.074	0.163**	0.542**	1							
	显著性	0.067	0.000	0.000								
匹配度	相关性	0.005	0.084*	0.454**	0.453**	1						
	显著性	0.894	0.038	0.000	0.000							
适时性	相关性	−0.100*	0.144**	0.636**	0.476**	0.412**	1					
	显著性	0.013	0.000	0.000	0.000	0.000						
能力感知	相关性	−0.033	0.197**	0.617**	0.497**	0.488**	0.582**	1				
	显著性	0.408	0.000	0.000	0.000	0.000	0.000					
利他动机感知	相关性	−0.143**	0.151**	0.467**	0.385**	0.334**	0.489**	0.526**	1			
	显著性	0.000	0.000	0.000	0.000	0.000	0.000	0.000				

续表

	相关性/显著性	依恋逃避	自我提升	投入度	一致性	匹配度	适时性	能力感知	利他动机感知	道德感知	消费者依恋	消费者忠诚意愿
道德感知	相关性	−0.076	0.099*	0.560**	0.426**	0.395**	0.451**	0.585**	0.372**	1		
	显著性	0.060	0.014	0.000	0.000	0.000	0.000	0.000	0.000			
消费者依恋	相关性	−0.094*	0.126**	0.517**	0.363**	0.310**	0.493**	0.598**	0.479**	0.515**	1	
	显著性	0.020	0.002	0.000	0.000	0.000	0.000	0.000	0.000	0.000		
消费者忠诚意愿	相关性	−0.105**	0.200**	0.612**	0.405**	0.390**	0.518**	0.652**	0.443**	0.564**	0.603**	1
	显著性	0.009	0.000	0.000	0.000	0.000	0.000	0.000	0.000	0.000	0.000	

注：* 在 0.05 水平(双侧)上显著相关，** 在 0.01 水平(双侧)上显著相关。

5.4 假设检验

5.4.1 善因营销活动特征与消费者感知

善因营销活动特征可分为四个方面，即善因营销活动投入度、善因营销活动一致性、善因营销活动匹配度、善因营销活动适时性。将这四个方面作为自变量，将消费者感知，即消费者对企业的能力感知、消费者对企业的利他动机感知以及消费者对企业的道德感知作为因变量，进行多元回归分析，得到以下结果。

1.善因营销活动特征与能力感知

结果表明，企业在善因营销活动中的投入度、一致性、适时性以及匹配度都能带来高能力感知。由表 5-7 可知，自变量投入度对因变量能力感知的标准化回归系数为 0.306，对应的显著性水平小于 0.05，具有显著的统计学意义，说明投入度对能力感知有显著的正向影响，即投入度越高，消费者能力感知越高。自变量一致性对因变量能力感知的标准化回归系数为 0.116，对应的显著性水平小于 0.05，具有显著的统计学意义，说明一致性对能力感知有显著的正向影响，即一致性越高，消费者能力感知越高。自变量匹配度对因变量能力感知的标准化回归系数为 0.194，对应的显著性水平小于 0.05，具有显著的统计学意义，说明匹配度对能力感知有显著的正向影响，即匹配度越高，消费者能力感知越高。自变量适时性对因变量能力感知的标准化回归系数为 0.222，对应的显著性水平小于 0.05，具有显著的统计学意义，说明适时性对能力感知有显著的正向影响，即适时性越好，消费者能力感知越高。从标准化回归系数可以得知，善因营销四个特征中的投入度对消费者能力感知影响最大。故假设 H1a、H2a、H3a、H4a 得到了验证。

表 5-7　能力感知决定因素的多元回归分析

		能力感知	
		模型 1	模型 2
控制变量	性别	−0.073	−0.039
	年龄	0.119**	0.041
	学历	−0.118**	−0.077**
	收入	0.153**	0.057
自变量	投入度		0.306**
	一致性		0.116**
	匹配度		0.194**
	适时性		0.222**
ΔR^2		0.075**	0.427**
F change		12.277**	129.756**

注：* 在 0.05 水平(双侧)上显著相关，** 在 0.01 水平(双侧)上显著相关。

2.善因营销活动特征与利他动机感知

结果表明，企业在善因营销活动中的投入度、一致性、适时性以及匹配度都能给企业带来利他动机感知。由表 5-8 可知，自变量投入度对因变量利他动机感知的标准化回归系数为 0.193，对应的显著性水平小于 0.05，具有显著的统计学意义，说明投入度对利他动机感知有显著的正向影响，即投入度越高，消费者利他动机感知越高。自变量一致性对因变量利他动机感知的标准化回归系数为 0.110，对应的显著性水平小于 0.05，具有显著的统计学意义，说明一致性对利他动机感知有显著的正向影响，即一致性越高，消费者利他动机感知越高。自变量匹配度对因变量利他动机感知的标准化回归系数为 0.081，对应的显著性水平小于 0.05，具有显著的统计学意义，说明匹配度对利他动机感知有显著的正向影响，即匹配度越高，消费者利他动机感知越高。自变量适时性对因变量利他动机感知的标准化回归系数为 0.272，对应的显著性水平小于 0.05，具有显著的统计学意义，说明适时性对利他动机感知有显著的正向影响，即适时性越好，消费者利他动机感知越高。从表 5-8 的回归系数可以得知，善因营销四个特征中的适时性对消费者利他动机感知影响最大。故假设 H1b、H2b、H3b、H4b 得到了验证。

表 5-8 利他动机感知决定因素的多元回归分析

		利他动机感知	
		模型 1	模型 2
控制变量	性别	−0.026	0.008
	年龄	0.094*	0.032
	学历	−0.082*	−0.036
	收入	0.077	−0.004
自变量	投入度		0.193**
	一致性		0.110*
	匹配度		0.081*
	适时性		0.272**
ΔR^2		0.028**	0.270**
F change		4.421**	58.240**

注：* 在 0.05 水平（双侧）上显著相关，** 在 0.01 水平（双侧）上显著相关。

3.善因营销活动特征与道德感知

结果表明，企业在善因营销活动中的投入度、一致性、适时性以及匹配度都能带来消费者道德感知。由表 5-9 可知，自变量投入度对因变量道德感知的标准化回归系数为 0.354，对应的显著性水平小于 0.05，具有显著的统计学意义，说明投入度对道德感知有显著的正向影响，即投入度越高，消费者道德感知越高。自变量一致性对因变量道德感知的标准化回归系数为 0.120，对应的显著性水平小于 0.05，具有显著的统计学意义，说明一致性对道德感知有显著的正向影响，即一致性越高，消费者道德感知越高。自变量匹配度对因变量道德感知的标准化回归系数为 0.130，对应的显著性水平小于 0.05，具有显著的统计学意义，说明匹配度对道德感知有显著的正向影响，即匹配度越高，消费者道德感知越高。自变量适时性对因变量道德感知的标准化回归系数为 0.122，对应的显著性水平小于 0.05，具有显著的统计学意义，说明适时性对道德感知有显著的正向影响，即适时性越好，消费者道德感知越高。从表 5-9 的回归系数结果可以得知，善因营销四个特征中的投入度对消费者道德感知影响最大。假设 H1c、H2c、H3c、H4c 得到了验证。

表 5-9 道德感知决定因素的多元回归分析

		道德感知	
		模型 1	模型 2
控制变量	性别	0.016	0.041
	年龄	0.054	−0.016
	学历	0.026	0.055
	收入	0.126**	0.039
自变量	投入度		0.354**
	一致性		0.120**
	匹配度		0.130**
	适时性		0.122**
ΔR^2		0.027**	0.335**
F change		4.190**	79.544**

注：* 在 0.05 水平(双侧)上显著相关，** 在 0.01 水平(双侧)上显著相关。

5.4.2 消费者依恋的决定因素

结果表明，消费者对参与善因营销活动企业的能力感知、利他动机感知以及道德感知是消费者依恋形成的主要因素。由表 5-10 可知，自变量能力感知对因变量消费者依恋的标准化回归系数为 0.355，对应的显著性水平小于 0.05，具有显著的统计学意义，说明能力感知对消费者依恋有显著的正向影响，即能力感知越高，消费者依恋越高。自变量利他动机感知对因变量消费者依恋的标准化回归系数为 0.207，对应的显著性水平小于 0.05，具有显著的统计学意义，说明利他动机感知对消费者依恋有显著的正向影响，即利他动机感知越高，消费者情感依恋越高。自变量道德感知对因变量消费者依恋的标准化回归系数为 0.233，对应的显著性水平小于 0.05，具有显著的统计学意义，说明道德感知对消费者依恋有显著的正向影响，即道德感知越高，消费者依恋越高。从

表 5-10的回归系数可以得知，消费者感知的三个维度中，能力感知对消费者依恋的影响最大。假设 H5a、H5b、H5c 得到了验证。

表 5-10　消费者依恋决定因素的多元回归分析

		消费者依恋	
		模型 1	模型 2
控制变量	收入	−0.029	−0.002
	性别	0.080	0.005
	学历	−0.058	−0.005
	年龄	0.078	−0.021
自变量	能力感知		0.355**
	利他动机感知		0.207**
	道德感知		0.233**
ΔR^2		0.023**	0.408**
F change		3.507**	144.582**

注：* 在 0.05 水平(双侧)上显著相关，** 在 0.01 水平(双侧)上显著相关。

5.4.3　消费者依恋的中介作用

依据研究模型，将消费者依恋作为中介变量，消费者忠诚作为因变量，能力感知、利他动机感知、道德感知作为自变量，收入、性别、学历、年龄作为控制变量，按照以下三步进行中介分析。

第一步，分析自变量是否会影响中介变量，如果中介变量与自变量回归系数不显著，则停止中介效应分析。

第二步，分析自变量是否会影响因变量，如果因变量与自变量不显著相关，则停止中介效应分析。

第三步，分析自变量与中介变量是否同时对因变量产生显著影响。若自变量对因变量的影响显著且自变量回归系数减小，那么是部分中介。

根据 5.4.2 的回归分析可以得出，中介检验的第一步成立，故继续进行中介检验的第二步和第三步。

结果表明，消费者依恋在消费者感知与消费者忠诚意愿之间起部分中介作用。由表 5-11 可知，自变量能力感知、利他动机感知、道德感知对因变量消费者忠诚意愿的标准化回归系数分别为 0.418、0.111、0.264，对应的显著性水平均小于 0.05，具有显著的统计学意义，说明能力感知、利他动机感知、道德感知对消费者忠诚意愿均具有显著的正向影响：能力感知越高，消费者忠诚意愿越高；利他动机感知越高，消费者忠诚意愿越高；道德感知越高，消费者忠诚意愿越高。中介检验第二步成立。在引入中介变量消费者依恋之后，自变量能力感知、利他动机感知、道德感知对因变量消费者忠诚意愿的标准化回归系数分别变为 0.324、0.056、0.202，系数与之前相比均有所下降，但是对应的显著性水平依然小于 0.05，具有显著的统计学意义，且中介变量消费者依恋对因变量消费者忠诚意愿的标准化回归系数为 0.265，对应的显著性水平小于 0.05，也具有显著的统计学意义，说明能力感知、利他动机感知、道德感知、消费者依恋对消费者忠诚意愿均具有显著的正向影响，中介检验的第三步成立，并可判断消费者依恋在消费者感知与消费者忠诚意愿之间起部分中介作用。假设 H6、H7a、H7b、H7c 得到了验证。

表 5-11　消费者依恋在消费者感知与消费者忠诚意愿之间的中介作用检验

		消费者忠诚意愿		
		模型 1	模型 2	模型 3
控制变量	性别	−0.019	0.009	0.010
	年龄	0.164**	0.089**	0.088**
	学历	−0.046	0.006	0.007
	收入	0.130**	0.024	0.030
自变量	能力感知		0.418**	0.324**
	利他动机感知		0.111**	0.056**
	道德感知		0.264**	0.202**
中介变量	消费者依恋			0.265**
ΔR^2		0.066**	0.429**	0.040**
F change		10.808**	171.803**	52.213**

注：* 在 0.05 水平（双侧）上显著相关，** 在 0.01 水平（双侧）上显著相关。

5.4.4 依恋逃避的调节作用

1.依恋逃避在能力感知与消费者依恋之间的调节作用

结果表明,依恋逃避在能力感知与消费者依恋之间的调节作用不显著。由表 5-12 结果可知,自变量能力感知与调节变量依恋逃避对因变量消费者依恋的标准化回归系数分别为 0.601、−0.076,对应的显著性水平小于 0.05,说明能力感知与依恋逃避均对消费者依恋有显著影响。由模型 3 可知,自变量能力感知与调节变量依恋逃避对因变量消费者依恋的标准化回归系数分别为 0.605、−0.078,对应的显著性水平小于 0.05,但是交互项依恋逃避×能力感知对消费者依恋的标准化回归系数为 0.017,对应的显著性水平大于 0.05,不具有显著的统计学意义,说明自变量与调节变量对因变量有显著的影响,但是交互项对因变量没有显著的影响,故证明依恋逃避在能力感知与消费者依恋之间的调节作用不显著。故假设 H8a 没有通过验证。

表 5-12 依恋逃避在能力感知与消费者依恋之间的调节作用检验

		消费者依恋		
		模型 1	模型 2	模型 3
控制变量	性别	−0.029	0.010	0.009
	年龄	0.080	0.008	0.008
	学历	−0.058	0.009	0.011
	收入	0.078	−0.025	−0.026
自变量	能力感知		0.601**	0.605**
调节变量	依恋逃避		−0.076*	−0.078*
交互项	依恋逃避×能力感知			0.017
ΔR^2		0.023**	0.341**	0.000
F change		3.507**	162.686**	0.257

注:* 在 0.05 水平(双侧)上显著相关,** 在 0.01 水平(双侧)上显著相关。

2.依恋逃避在利他动机感知与消费者依恋之间的调节作用

结果表明,依恋逃避在利他动机感知与消费者依恋之间的调节作用显著。

由表 5-13 中的模型 2 结果可知，自变量利他动机感知与调节变量依恋逃避对因变量消费者依恋的标准化回归系数分别为 0.464、−0.022，对应的显著性水平小于 0.05，说明利他动机感知对消费者依恋有显著的正向影响，依恋逃避对消费者依恋有显著的负向影响。由模型 3 可知，自变量利他动机感知与调节变量依恋逃避对因变量消费者依恋的标准化回归系数分别为 0.463、−0.015，利他动机感知对应的显著性水平小于 0.05，依恋逃避对应的显著性水平大于 0.05，但是交互项依恋逃避×利他动机感知对消费者依恋的标准化回归系数为 −0.087，对应的显著性水平小于 0.05，具有显著的统计学意义，说明自变量对因变量有显著的正向影响，交互项对因变量具有显著的负向影响，故证明依恋逃避在利他动机感知与消费者依恋之间具有负向调节作用。故假设 H8b 得到了验证。

表 5-13　依恋逃避在利他动机感知与消费者依恋之间的调节作用检验

		消费者依恋		
		模型 1	模型 2	模型 3
控制变量	性别	−0.029	−0.019	−0.016
	年龄	0.080	0.036	0.041
	学历	−0.058	−0.021	−0.020
	收入	0.078	0.039	0.035
自变量	利他动机感知		0.464**	0.463**
调节变量	依恋逃避		−0.022	−0.015
交互项	依恋逃避×动机感知			−0.087*
ΔR^2		0.023**	0.213**	0.007*
F change		3.507**	84.424**	5.972*

注：* 在 0.05 水平（双侧）上显著相关，** 在 0.01 水平（双侧）上显著相关。

负向调节作用得到支持之后，本书将大于平均值的一组列为高依恋逃避，把低于平均值的一组数据分到低依恋逃避中进行研究，两组回归形成交叉（见图 5-2）。这表明低依恋逃避会使利他动机感知对消费者依恋的影响作用高于高依恋逃避使利他动机感知对消费者依恋产生的影响。如图 5-2 所示，低依恋逃避消费者在利他动机感知较低时的消费者依恋普遍低于高依恋逃避消费者，但在较高的利他动机感知下，低依恋逃避消费者的消费者依恋较高。

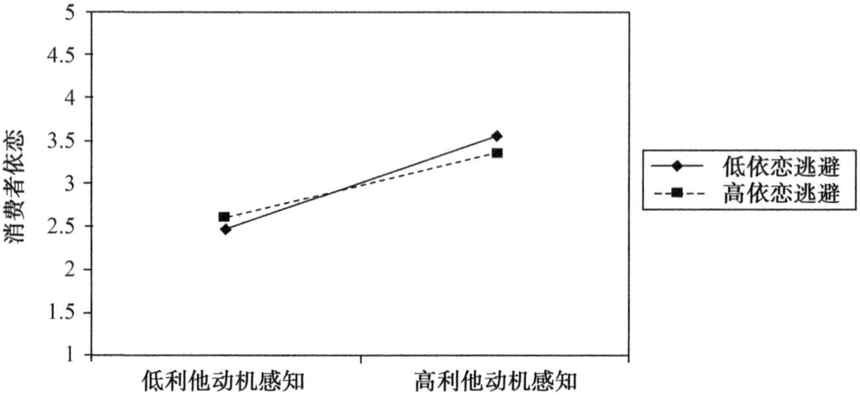

图 5-2 依恋逃避与利他动机感知的交互作用

3.依恋逃避在道德感知与消费者依恋之间的调节作用

结果表明，依恋逃避在道德感知与消费者依恋之间的调节作用不显著。由表 5-14 中的模型 2 结果可知，自变量道德感知与调节变量依恋逃避对因变量消费者依恋的标准化回归系数分别为 0.507、−0.059，自变量对应的显著性水平小于 0.05，调节变量对应的显著性水平大于 0.05，说明道德感知对消费者依恋有显著的正向影响，依恋逃避对消费者依恋没有显著的影响。由模型 3 可知，自变量道德感知与调节变量依恋逃避对因变量消费者依恋的标准化回归系数分别为 0.505、−0.054，道德感知对应的显著性水平小于 0.05，依恋逃避对应的显著性水平大于 0.05，交互项依恋逃避×道德感知对消费者依恋的标准化回归系数为−0.031，对应的显著性水平也大于 0.05，不具有显著的统计学意义，说明自变量对因变量有显著的影响，调节变量与交互项对因变量均不具有显著的影响，故证明依恋逃避在道德感知与消费者依恋之间没有调节作用。故假设 H8c 没有通过验证。

表 5-14　依恋逃避在道德感知与消费者依恋之间的调节作用检验

		消费者依恋		
		模型 1	模型 2	模型 3
控制变量	性别	−0.029	−0.041	−0.039
	年龄	0.080	0.052	0.053
	学历	−0.058	−0.074*	−0.077*
	收入	0.078	0.005	0.004
自变量	道德感知		0.507**	0.505**
调节变量	依恋逃避		−0.059	−0.054
交互项	依恋逃避×道德感知			−0.031
ΔR^2		0.023**	0.257**	0.001
F change		3.507**	108.081**	0.755

注：* 在 0.05 水平(双侧)上显著相关，** 在 0.01 水平(双侧)上显著相关。

5.4.5　自我提升的调节作用

1.自我提升在能力感知与消费者依恋之间的调节作用

结果表明，自我提升在能力感知与消费者依恋之间的调节作用显著。由表 5-15 中的模型 2 结果可知，自变量能力感知与调节变量自我提升对因变量消费者依恋的标准化回归系数分别为 0.601、0.009，能力感知对应的显著性水平小于 0.05，自我提升对应的显著性水平大于 0.05，说明能力感知对消费者依恋有显著的正向影响，自我提升对消费者依恋没有显著的影响。由模型 3 可知，自变量能力感知与调节变量自我提升对因变量消费者依恋的标准化回归系数分别为 0.608、0.021，依然是能力感知对应的显著性水平小于 0.05，自我提升对应的显著性水平大于 0.05，但是交互项自我提升×能力感知对消费者依恋的标准化回归系数为 0.115，对应的显著性水平小于 0.05，具有显著的统计学意义，说明自变量对因变量有显著的正向影响，交互项对因变量也具有显著的正向影响，故证明自我提升在能力感知与消费者依恋之间具有正向调节作用。故假设 H9a 得到了验证。

表 5-15　自我提升在能力感知与消费者依恋之间的调节作用检验

		消费者依恋		
		模型 1	模型 2	模型 3
控制变量	性别	−0.029	0.015	0.014
	年龄	0.080	0.007	0.004
	学历	−0.058	0.012	0.031
	收入	0.078	−0.014	−0.014
自变量	能力感知		0.601**	0.608**
调节变量	自我提升		0.009	0.021
交互项	自我提升×能力感知			0.115**
ΔR^2		0.023**	0.336**	0.013**
F change		3.507**	158.676**	12.169**

注：* 在 0.05 水平（双侧）上显著相关，** 在 0.01 水平（双侧）上显著相关。

调节作用得到支持之后，本书将大于平均值的一组列为高自我提升，把低于平均值的一组数据分到低自我提升中进行研究，两组回归形成交叉（见图 5-3）。这表明高自我提升会使能力感知对消费者依恋的影响作用高于低自我提升使能力感知对消费者依恋的产生的影响。如图 5-3 所示，高自我提升消费者在能力感知较低时的消费者依恋普遍低于低自我提升消费者，但在较高的能力感知下，低自我提升消费者的消费者依恋较低。

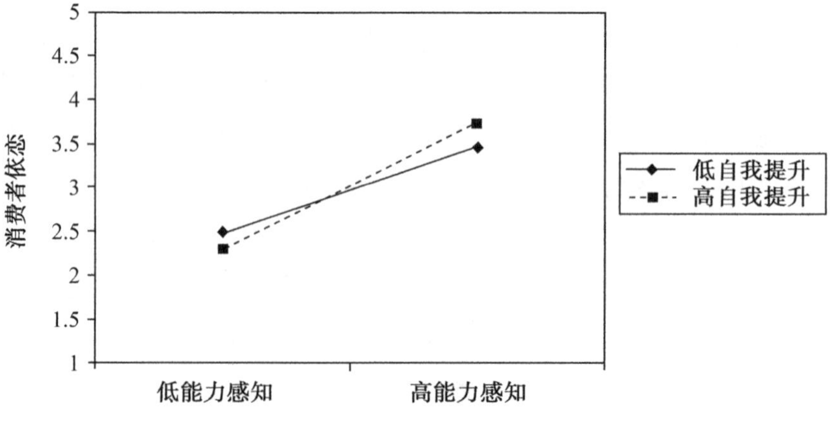

图 5-3　自我提升与能力感知的交互作用

2.自我提升在利他动机感知与消费者依恋之间的调节作用

结果表明，自我提升在利他动机感知与消费者依恋之间的调节作用显著。由表 5-16 中的模型 2 结果可知，自变量利他动机感知与调节变量自我提升对因变量消费者依恋的标准化回归系数分别为 0.461、0.047，利他动机感知对应的显著性水平小于 0.05，自我提升对应的显著性水平大于 0.05，说明利他动机感知对消费者依恋有显著的正向影响，自我提升对消费者依恋没有显著的影响。由模型 3 可知，自变量利他动机感知与调节变量自我提升对因变量消费者依恋的标准化回归系数分别为 0.458、0.054，依然是利他动机感知对应的显著性水平小于 0.05，自我提升对应的显著性水平大于 0.05，但是交互项自我提升×利他动机感知对消费者依恋的标准化回归系数为 0.094，对应的显著性水平小于 0.05，具有显著的统计学意义，说明自变量对因变量有显著的正向影响，交互项对因变量也具有显著的正向影响，故证明自我提升在利他动机感知与消费者依恋之间具有正向调节作用。故假设 H9b 得到了验证。

表 5-16　自我提升在利他动机感知与消费者依恋之间的调节作用检验

		消费者依恋		
		模型 1	模型 2	模型 3
控制变量	性别	−0.029	−0.014	−0.015
	年龄	0.080	0.031	0.030
	学历	−0.058	−0.022	−0.014
	收入	0.078	0.040	0.037
自变量	利他动机感知		0.461**	0.458**
调节变量	自我提升		0.047	0.054
交互项	自我提升×利他动机感知			0.094**
ΔR^2		0.023**	0.214**	0.009**
F change		3.507**	85.253**	6.971**

注：* 在 0.05 水平（双侧）上显著相关，** 在 0.01 水平（双侧）上显著相关。

调节作用得到支持之后，本书将大于平均值的一组列为高自我提升，把低于平均值的一组数据分到低自我提升中进行研究，两组回归形成交叉（见图

5-4)。这表明高的自我提升会使利他动机感知对消费者依恋的影响高于低自我提升使利他动机感知对消费者依恋的产生的影响。如图 5-4 所示,高自我提升消费者在利他动机感知较低时的消费者依恋普遍低于低自我提升消费者,但在较高的利他动机感知下,低自我提升消费者的消费者依恋较低。

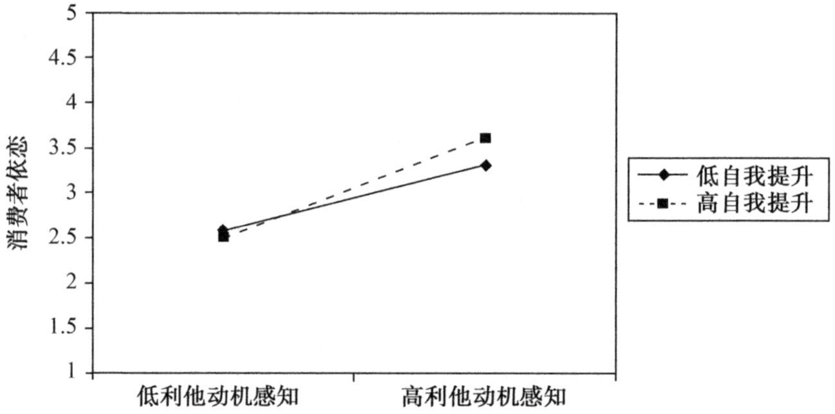

图 5-4　自我提升与利他动机感知的交互作用

3.自我提升在道德感知与消费者依恋之间的调节作用

结果表明,自我提升在道德感知与消费者依恋之间的调节作用显著。由表 5-17 中的模型 2 结果可知,自变量道德感知与调节变量自我提升对因变量消费者依恋的标准化回归系数分别为 0.505、0.069,道德感知对应的显著性水平小于 0.05,自我提升对应的显著性水平大于 0.05,说明道德感知对消费者依恋有显著的正向影响,自我提升对消费者依恋没有显著的影响。由模型 3 可知,自变量道德感知与调节变量自我提升对因变量消费者依恋的标准化回归系数分别为 0.523、0.074,对应的显著性水平均小于 0.05,且交互项自我提升×道德感知对消费者依恋的标准化回归系数为 0.179,对应的显著性水平也小于 0.05,具有显著的统计学意义,说明自变量对因变量有显著的正向影响,调节变量对因变量具有显著的正向影响,交互项对因变量也具有显著的正向影响,故证明自我提升在道德感知与消费者依恋之间具有正向调节作用,假设 H9c 得到了验证。

表 5-17　自我提升在道德感知与消费者依恋之间的调节作用检验

		消费者依恋		
		模型 1	模型 2	模型 3
控制变量	性别	−0.029	−0.032	−0.037
	年龄	0.080	0.045	0.039
	学历	−0.058	−0.074*	−0.039
	收入	0.078	0.011	0.010
自变量	道德感知		0.505**	0.523**
调节变量	自我提升		0.069	0.074*
交互项	自我提升×道德感知			0.179**
ΔR^2		0.023**	0.258**	0.031**
F change		3.507**	108.752**	26.872**

注：* 在 0.05 水平(双侧)上显著相关，** 在 0.01 水平(双侧)上显著相关。

调节作用得到支持之后，本书将大于平均值的一组列为高自我提升，把低于平均值的一组数据分到低自我提升中进行研究，两组回归形成交叉(见图 5-5)。结果表明高自我提升会使道德感知对消费者依恋的影响高于低自我提升使道德感知对消费者依恋的产生的影响。如图 5-5 所示，高自我提升消费者在道德感知较低时的消费者依恋普遍低于低自我提升消费者，但在较高的道德感知下，低自我提升消费者的消费者依恋较低。

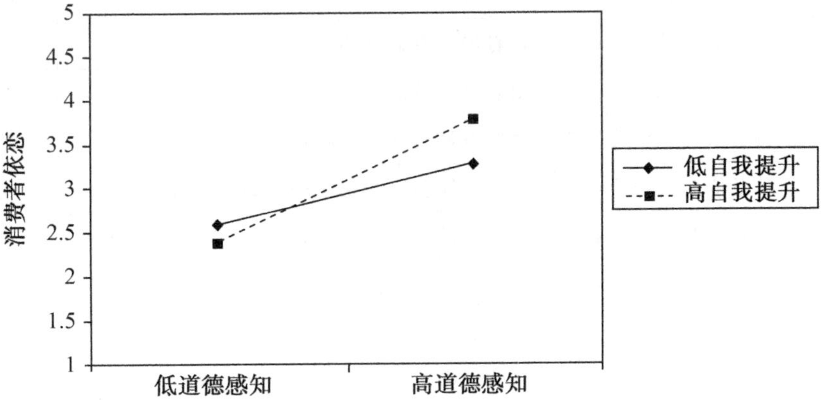

图 5-5　自我提升与道德感知的交互作用

5.4.6 研究假设检验结果

使用统计分析软件 SPSS 23.0 进行计算，通过上述一系列分析得到了本书研究假设检验的结果，详见表 5-18。

表 5-18 本书研究假设检验结果

假设	假设内容	检验结果
H1a	企业善因营销投入度对消费者能力感知有显著的正向影响	通过
H1b	企业善因营销投入度对消费者利他动机感知有显著的正向影响	通过
H1c	企业善因营销投入度对消费者道德感知有显著的正向影响	通过
H2a	企业善因营销一致性对消费者能力感知有显著的正向影响	通过
H2b	企业善因营销一致性对消费者利他动机感知有显著的正向影响	通过
H2c	企业善因营销一致性对消费者道德感知有显著的正向影响	通过
H3a	企业善因营销适时性对消费者能力感知有显著的正向影响	通过
H3b	企业善因营销适时性对消费者利他动机感知有显著的正向影响	通过
H3c	企业善因营销适时性对消费者道德感知有显著的正向影响	通过
H4a	企业善因营销匹配度对消费者能力感知有显著的正向影响	通过
H4b	企业善因营销匹配度对消费者利他动机感知有显著的正向影响	通过
H4c	企业善因营销匹配度对消费者道德感知有显著的正向影响	通过
H5a	消费者能力感知对消费者依恋有显著的正向影响	通过
H5b	消费者利他动机感知对消费者依恋有显著的正向影响	通过
H5c	消费者道德感知对消费者依恋有显著的正向影响	通过
H6	消费者依恋对消费者忠诚意愿有显著的正向影响	通过
H7a	消费者依恋在消费者企业能力感知和忠诚意愿中起到了中介作用	通过
H7b	消费者依恋在消费者企业利他动机感知和忠诚意愿中起到了中介作用	通过
H7c	消费者依恋在消费者企业道德感知和忠诚意愿中起到了中介作用	通过
H8a	依恋逃避在消费者能力感知影响消费者依恋方面具有调节作用	未通过
H8b	依恋逃避在消费者利他动机感知影响消费者依恋方面有调节影响	通过
H8c	依恋逃避在消费者道德感知影响消费者依恋方面具有调节影响	未通过

续表

假设	假设内容	检验结果
H9a	自我提升在消费者能力感知影响消费者依恋方面具有调节作用	通过
H9b	自我提升在消费者利他动机感知影响消费者依恋方面有调节影响	通过
H9c	自我提升在消费者道德感知影响消费者依恋方面具有调节影响	通过

根据研究结果得出消费者善因营销感知对其忠诚意愿影响机制的全要素模型(见图 5-6)。

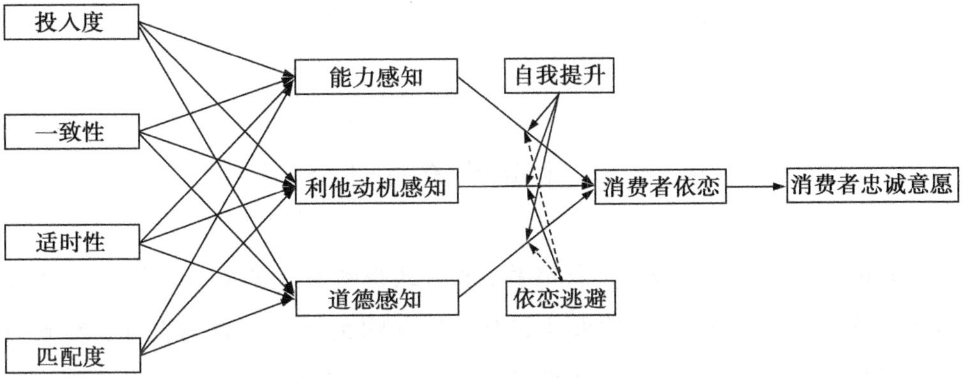

图 5-6　消费者善因营销感知对其忠诚意愿影响机制的全要素模型

5.5　本章小结

本章通过数据处理软件 SPSS 23.0 和 Amos 21.0 对统计数据进行处理，由此验证前文提出的假设模型。首先，为确保量表的稳定性与内部一致性，对其信度、效度进行检验并进行验证性因子分析。其次，对样本特征、变量的描述性统计以及相关分析进行简单分析以便为验证模型假设奠定基础。最后，本书对假设模型进行了检验并汇报了结果。

第6章 结论与启示

6.1 主要结论与讨论

善因营销作为一种较新的营销手段和方式得到了众多品牌的青睐，学术界也围绕善因营销策略、实施效果及其对消费者购买意愿的影响进行了细致研究，并取得丰富的成果，但对善因营销活动特征、消费者感知对忠诚意愿的影响路径还缺乏深入的剖析，有待进一步的理论与实证研究。本书通过梳理和总结现有的关于善因营销与消费者忠诚意愿之间关系的研究，依据现有理论与实证研究的结果，结合管理学、心理学相关理论和研究方法，从消费者对善因营销活动特征的感知维度入手，研究消费者感知对其忠诚意愿影响的内在机理，提出了消费者善因营销感知对其忠诚意愿的影响模型。

本书围绕以下四个问题展开论述：第一，善因营销活动的哪些特征会刺激、影响消费者对善因营销活动的感知；第二，消费者对善因营销活动的感知是否影响消费者对参与善因营销活动企业的忠诚意愿；第三，消费者对善因营销活动的感知通过什么路径影响消费者忠诚意愿；第四，消费者的个性特征怎样影响消费者对品牌的依恋程度。研究采用扎根理论和问卷调查等研究方法，选取合适的调研样本收集一手数据，运用SPSS 23.0和Amos 21.0统计软件进行数据分析得到以下研究结论。

6.1.1　善因营销活动特征研究可以从投入度、一致性、适时性、匹配度四个维度展开

本书从消费者的视角研究善因营销活动，希望找到影响消费者感知的善因营销活动特征。善因营销活动特征是消费者对善因营销活动感知的外界环境刺激，根据刺激—反应理论，消费者对参与善因营销活动企业做出的认知评价是基于善因营销活动特征的刺激。本书利用文献整理、深度访谈、扎根理论等质性研究方法，深度挖掘善因营销活动的特征属性，提出了可以从投入度、一致性、适时性、匹配度四个维度来解读企业善因营销活动特征，并确定了各个维度的量表。具体来说，投入度既包括资金投入也包括时间和精力的投入，它是企业某次善因营销活动的投入力度，具体可以通过资金投入、宣传力度、善款使用透明度、活动持续性四个角度确定量表的题项；一致性是用动态视角来看待善因营销活动的投入水平，具体可以通过投入与能力的比较、投入与以往投入的比较和投入与其他企业投入的比较三个角度进行测量；适时性是指企业参与善因营销活动的时机，它既指企业对外界环境的反应速度，也指企业在参与活动前的经营状况，具体可以从企业对灾难事件的反应速度以及参与善因营销活动企业自身的状况（是否具有产品危机等）出发设置量表；匹配度则是从企业的功能契合和形象契合两个角度确定题项。通过选取合适样本进行预测试可以知道，本书确定的善因营销活动特征量表具有较高的信度和效度，能够很好地在中国文化情境中进行应用。

结果表明，善因营销活动特征中的投入度、一致性、匹配度和适时性分别对消费者能力感知、利他动机感知和道德感知有显著的影响，但其影响程度不同。根据研究中的标准化回归系数得知，相比一致性（$\beta=0.116$）、匹配度（$\beta=0.194$）、适时性（$\beta=0.222$），投入度（$\beta=0.306$）对消费者能力感知的影响最大。企业在善因营销活动中的宣传力度、投入的透明度以及活动的持续性，可以更好地体现消费者对企业的能力感知，即企业对善因营销活动的投入度越高，消费者感知到的企业能力越强。对消费者利他动机感知影响最大的善因营销活动特征是适时性（$\beta=0.272$）。企业在选择善因营销活动时，要关注时机。企业

要密切关注社会问题，快速对社会问题进行回应；在企业内部出现产品或品牌危机时开展善因营销活动，或许会起到相反的作用。投入度同时也对善因营销活动的道德感知影响（$\beta=0.354$）最强烈。以上结果表明，企业对善因营销活动的投入，特别是精力投入，比如宣传力度以及善款的透明度，对消费者感知企业的高能力和高道德起到关键作用。

6.1.2 消费者善因营销感知对消费者忠诚意愿的正面影响存在差异

通过访谈可以知道，企业参与善因营销活动对大部分消费者的参与和忠诚意愿在一定程度上产生了积极的促进作用，也就是说消费者感知的企业善因营销活动越积极，消费者的忠诚意愿就越强。消费者善因营销感知对消费者忠诚意愿的影响机理是本书的主要课题，本书以洗化行业某公司参与善因营销活动为例，测量消费者善因营销感知对消费者忠诚意向的影响。通过第五章的模型验证和数据分析结果可以知道，消费者善因营销感知与消费者忠诚意愿之间存在正向相关关系，这一结论与相关研究结果及现实中的访谈和调查结果一致，验证了研究假设的正确性。

由于人类受到资源有限性、认知能力不完全等因素的影响，在做出判断时不可能是完全理性的。面对企业善因营销的信息，消费者会选择简单的方式来处理这些营销刺激。根据图式理论，消费者将输入的营销刺激打包成方便记忆的模块，以方便自身处理信息，减少认知压力。品牌意图能动模型将人际交往中的刻板印象内容模型应用到品牌感知中，并指出人在与企业互动时，会简化其认知负担，把信息打包为企业的能力、意图以及道德三个维度进行判断。本书借鉴品牌意图能动模型，将消费者善因营销感知分为三个维度：能力感知、利他动机感知以及道德感知。研究表明，善因营销感知的三个维度对消费者忠诚意愿都有显著的正向影响：消费者感知到企业的能力越高、利他动机越强、道德水平越突出，消费者忠诚意愿就越强。从标准化回归系数来看，相对于利他动机感知（$\beta=0.111$）和道德感知（$\beta=0.264$），能力感知（$\beta=0.418$）对消费者忠诚意愿的影响最为突出。这挑战了以往文献在研究消费者对善因营销响应时一贯采用的归因理论。利他动机感知对消费者忠诚意愿的影响在本书中也得到了证实，但能力感知的作用更加显著。这一点可以用说服知识理论(persuasion knowledge theory)来解读。消费者会随着企业不停地采用一种说服策略，比如善因营销策略，而获取企业说服的知识，并采用这种知识来获得一种应对策略，最终获得一种最大化自己利益的购买决策。① 消费者初次经历他们感到比较陌生的营销策略时，为防止自己被操纵，倾向于通过某种线索来判断企业实施此种营销策略的意图，例如利他动机或利己动机。② 所以很多学者从归因理论来研究消费者对善因营销响应的内在机理。但是，随着消费者对善因营销方式的深入理解与解读，消费者已经掌握了善因营销策略的本质，认识到了善因营销活动的双重价值创造。为了做出最优的消费决策，他们将决策策略转移到对企业能力与道德的评价上来。

6.1.3　消费者善因营销感知通过消费者依恋影响忠诚意愿

通过前期的扎根理论和访谈，本书确定了消费者依恋作为消费者感知影响忠诚意愿的中介变量，通过实证分析证实消费者依恋的中介作用是存在的。消费者从能力、利他动机、道德三个方面对企业进行善因营销活动感知，当感知到企业有较高的投入度和宣传力度，能够迅速准确应对善因营销过程中发生的问题，具有良好的形象时，消费者会对企业产生一种情感联结，本书称之为消费者依恋，进而促进消费者参与企业的善因营销活动。实证分析证明了消费者感知的三个维度对消费者依恋有直接影响，同时消费者依恋对消费者忠诚意愿具有积极的影响，因此消费者依恋在消费者感知与忠诚意愿之间发挥部分中介作用。

消费者忠诚意愿是消费者与企业之间比较高层次的一种交换行为，它是对未来的承诺(溢价购买、延时购买等)。本书将品牌拟人化，把人际关系中的情感因素应用在人与企业或品牌的关系中，利用心理学理论证实了理查德·巴戈齐(Richard Bagozzi)的“评价(appraisal)—情感响应(emotional)—应对(re-

---

① 参见 M. Friestad and P. Wright, “The Persuasion Knowledge Model: How People Cope with Persuasion Attempts,” *Journal of Consumer Research*, vol. 21, no. 1 (1994), pp. 1-31。

② 参见梁静:《基于说服知识应用的消费者购买决策行为研究》,《经济论坛》2015 年第 6 期。

sponse-coping)”的态度理论框架。如果企业将企业与消费者之间的关系简单解读为利益交换，则消费者很难形成忠诚意愿，即便消费者产生了重复购买，他们之间的关系也很容易破裂。所以，企业在构建善因营销活动策略时，应当考虑到企业与消费者之间的情感联结。企业可以将善因营销策略作为建立和稳固两者之间情感的连接纽带。

6.1.4 消费者依恋构建的决定性因素

实证研究发现消费者善因营销感知对消费者情感依恋具有正向影响，本书发现消费者的能力感知、利他动机感知和道德感知三个维度对消费者依恋具有不同程度的影响。三个维度中消费者能力感知对消费者依恋的影响更为显著。通过实证结果的标准化回归系数得知，虽然相对于利他动机感知($\beta=0.207$)与道德感知($\beta=0.233$)，企业能力感知影响($\beta=0.355$)最为显著，但其差别并不大。从结论可以看出，在用善因营销活动来构建企业与消费者情感联结的过程中要关注企业能力的体现、利他动机的展示以及道德感知的行为。

企业通过高能力、高利他动机以及高道德感知来增强消费者的自我满足、自我丰富以及自我表达，从而加强消费者与企业的情感联结。企业的高能力感知可以为消费者提供高质量和高品牌象征的资源，这些资源能够帮助个体或消费者建立自我效能感，从而产生自我联结；消费者利用购买高能力企业的高质量和高品牌象征的产品来进行自我表达，从而形成消费者依恋。同样，在消费者与利他动机感知高的企业互动时，消费者会体会到更高层次的自我愉悦和自我满足：对他人的馈赠和帮助。道德感知会给消费者提供一种象征性的资源，帮助消费者构建一个理想的自我，将自我延伸到与企业相近的道德高度。

6.1.5 消费者依恋逃避在消费者善因营销感知与消费者依恋关系中的调节作用

本书在深度访谈过程中发现，消费者依恋类型中的依恋逃避对善因营销利他动机感知产生消费者依恋过程中具有负向调节作用。通过对问卷调查收集的数据所进行的实证研究结果可以发现，消费者依恋逃避在利他动机感知对消费者依恋的影响中具有负向调节作用，但在能力感知与道德感知对消费者依恋的影响中不具有调节作用。在利他动机感知对消费者依恋的影响过程中，低依恋逃避的作用远大于高依恋逃避。对低依恋逃避消费者来说，他们感知到的企业利他动机会大大影响他们对企业的情感依恋。低依恋逃避消费者在利他动机较弱时的消费者依恋普遍低于高依恋消费者，但在较强的利他动机感知下，低依恋逃避消费者的情感依恋又会高于高依恋逃避消费者。在利他动机感知对消费者依恋的影响过程中，高依恋逃避消费者的作用要小于低依恋逃避消费者。这一点可以通过依恋逃避消费者的个性来解释。依恋逃避较高的个体对自我的依赖性比较强，对他人或企业等外物表现出不信任。因此，高依恋逃避消费者的利他动机感知对其品牌依恋的影响作用较小。

6.1.6　消费者自我提升在消费者善因营销感知与消费者依恋关系中的调节作用

本书在深度访谈过程中发现，消费者自我提升在善因营销感知产生情感依恋过程中具有正向调节作用。通过对问卷调查收集的数据进行实证研究可以发现，消费者自我提升在能力感知、利他动机感知以及道德感知对情感依恋的影响过程中具有正向的调节作用。这说明自我提升比较高的消费者会认为企业的能力越强、动机越是利他、道德水平越高，他们与企业的情感依恋越紧密。这个结论表明，自我提升水平较高的消费者会倾向于在社会分类中将自己划入高能力、高温暖、高道德群体中。高自我提升消费者将社会分类延伸到品牌中来，将高能力、高利他动机以及高道德的企业归为自身的内群体。对内群体的肯定与赞美会增强他们的自我提升感，因而增强与这类企业的情感依恋。

6.2　管理启示

随着市场竞争的不断加剧，企业之间的竞争已经从产品或服务本身的价格、功能、质量等因素拓展到社会责任领域，善因营销渐渐成为企业或品牌提高自身价值和收益的新的营销方式。本书从消费者角度出发，基于中国文化情境，对善因营销感知影响消费者忠诚意愿的机理进行剖析，得出了一些有意义的结论，为指导企业选取合适的善因营销策略、吸引更多的消费者参与提供理论依据。具体来说，本书为企业开展善因营销活动提供以下六点建议。

6.2.1 企业应通过善因营销活动建立和加深与消费者的情感联结

本书表明，消费者依恋在善因营销感知影响消费者忠诚意愿过程中起到中介作用。所以，企业的善因营销活动与消费者依恋之间的关系并非必然，企业不能将善因营销策略看作灵丹妙药。许多企业希望通过善因营销活动来提高企业的销售额、增强品牌形象，但若把善因营销当作与消费者的利益交换，结果可能会适得其反。近些年来，许多企业在面临产品危机时纷纷参与善因营销活动，企图通过善因营销活动的利他动机来弱化品牌危机带来的负面后果。但消费者只有在与企业建立了强烈的情感依恋基础上才会选择原谅企业的过失。

6.2.2 提高企业能力才是硬道理

本书表明，企业能力感知对消费者忠诚意愿的影响远远大于企业的利他动机感知。这一点挑战了现存文献对利他动机感知的过分关注。在善因营销活动出现的初期，消费者对企业参与此种营销活动的动机比较敏感，所以对善因营销活动的归因决定其忠诚意愿。但随着消费者对善因营销策略的熟知，他们已经非常了解善因营销的本质及其双重价值（社会价值、经济价值）创造与企业的双重动机（利他动机、利己动机），消费者在参与善因营销活动中，也逐渐由最初关注企业的“利他动机”转向关注企业的“能力”。因为只有能力强的企业才能生产优质的产品，才有资金与资源真正解决社会问题。刻意美化企业的利他动机不会给消费者的响应带来更多的正面影响。所以企业能力感知对消费者未来的承诺起到重要作用。从这个角度看，企业仅仅靠强调自我的利他动机而忽视对善因营销的投入水平很难与消费者建立起很深的情感联结，也就很难增强消费者的忠诚意愿。企业最终应该依靠自身的刚性与柔性能力，将善因营销嵌入企业文化，投入足够的精力来策划善因营销活动。

6.2.3　企业善因营销活动应长期投入，进行战略性把握

本书表明，企业的投入度在决定企业能力感知与道德感知的过程中起到最为显著的作用。善因营销不是短时间的作秀活动，也不是简单的一次捐献，它有自己的运营机制，它应是长远性、整体性的企业规划，需要被放进企业的宏观战略中。所以企业准备开展善因营销活动时，也是企业调整企业文化的一个契机。只有把善因营销或社会责任感渗透管理层以及员工，企业才能全力投入善因营销活动，实现经济效益和社会效益的有效结合。

善因营销活动的投入不仅仅指资金投入，更为重要的是企业为此付出的时间和精力。所以企业在开展善因营销活动的时候，信息要真实可靠，方案须落到实处，让消费者看到慈善因素与营销因素是合理的结合，尽量排除消费者对此活动的怀疑。2009 年，农夫山泉的“一分钱捐赠活动”就曾因捐赠信息不公开而遭到消费者质疑，给企业带来了巨大的损失。因此，企业要谨记诚实可靠的重要原则，它将决定消费者与企业的情感依恋，以及消费者的忠诚度。

6.2.4　企业要合理选择开展善因营销活动的时机

本书表明，适时性对企业的利他动机感知的影响最为显著，而依恋逃避在利他动机感知影响消费者依恋过程中起到调节作用。低依恋逃避消费者可以通过利他动机感知来提高并因此增强与企业的情感依恋，最终达到较强的忠诚意愿，因此，进行善因营销活动需要选择合适的开展时机。企业需要有专门的部门或员工密切关注社会事件，在出现紧急事件时，需积极采取行动参与其中。另外，企业应当避免在自身品牌或产品出现危机时采取善因营销活动，防止起到适得其反的效果。特别是在当今社会，一些不道德的企业打着善因营销的旗号，滥用慈善资源，引起消费者的质疑与抵制。针对此情况，企业需要选择合适的渠道与合理的时机曝光自己的慈善计划，更为重要的是将慈善资金的去向、用途效果向社会公布，让消费者看到善因营销活动在慈善事业上的贡献，只有这样才能赢得消费者的信赖和支持。而同时企业在此过程中，可达到经济价值与社会价值的双丰收。

6.2.5 企业应根据目标消费者的个性差异制定不同的善因营销策略

本书表明消费者的特征包括依恋逃避以及自我提升在善因营销感知对消费者依恋的影响中起到调节作用。中国地大物博，不同地区、城市之间往往存在文化等差异，也会表现出不同的影响程度。所以企业应当因地制宜，在开展善因营销活动时，应提前利用调研方法对当地消费者或目标顾客的依恋类型和自我提升水平等心理特性进行检测，进而有针对性地开展善因营销活动，制定符合当地文化特色、适应当地消费者特征的善因营销策略。若其目标顾客具有低依恋逃避的特征，企业就需要着重做到提升消费者对善因营销活动的利他动机感知，因为依恋逃避对利他动机感知与消费者依恋之间的关系起到负向调节作用。

6.2.6 善因活动要注意专业化，符合企业的战略目标

影响善因营销活动成败的因素很复杂，包括本书提到的投入度、一致性、适时性和匹配度。善因营销活动的这四个特征反映了企业善因营销策略制定的合理性以及在实施过程中的可靠性。因此企业的决策层需要成立专门的善因营销部门，引进专家指导，在与公司战略结合的基础上，选择善因营销活动的项目和开展计划，使得善因营销活动符合企业的战略目标，并与企业的发展规划、产品定位、技术服务等有效结合。除此之外，企业需要定期对企业善因营销活动进行评估与反馈，调整活动中的不当操作。

善因营销成功率的高低还与企业利益相关者之间的关系及其有效沟通密切相关。善因营销活动需选择可靠的传播渠道（包括内部渠道和外部渠道），合理利用媒体、广告、网络、民众传播等渠道，帮助企业将自己活动开展的方式、目的、监督体系等及时传达到社会公众耳中，帮助消费者了解企业的善因营销活动，也有助于增强企业员工的积极性与自豪感，加强他们对企业的认同感和归属感。

6.3 研究局限性

本书围绕企业善因营销活动这一对象，深入分析了消费者善因营销感知对

消费者忠诚意愿的影响机理，取得了一些有意义的结论，但受到客观条件的限制，仍存在以下局限。

6.3.1　虚拟场景设置的局限性

虚拟场景的设置虽然可以避免消费者对品牌熟悉度以及企业声誉等因素对消费者善因营销感知的影响，获得了比较高的内部效度。但是，人为控制这些因素却降低了外部效度。因此在未来的研究中，可以通过真实案例来验证本书结果。

6.3.2　样本的数量以及来源需要进一步增加和扩大

充足的数据资源和广泛的数据来源是保证研究结论准确性和可靠性的前提。虽然本书的样本数量已经达到了统计软件数据分析的要求，但样本来源地仍然过于单一，因此需要进一步扩大样本收集范围，研究不同区域的消费者善因营销感知以及响应的差异。

6.3.3　对善因营销企业所属行业和产品种类区别的影响缺乏验证

本书在收集数据时只是针对洗化行业的企业实施善因营销对消费者善因营销感知及其忠诚意愿的影响，并没有考虑和排除行业差异和产品种类区别等因素对测量数据造成的影响。在未来的研究中，应当从不同的产品类别以及产品属性上探索善因营销感知对消费者善因营销感知及其忠诚意愿的影响。

6.4　未来研究方向

根据对本书研究局限性的探讨，可以围绕以下四个方面展开未来的研究。

6.4.1　尝试在真实场景中研究消费者善因营销感知及其对忠诚意愿的影响机制

本书采用虚拟情境来研究消费者善因营销感知及其对忠诚意愿的影响机

制，之后的研究可以采用真实的案例来验证和丰富研究结论。

6.4.2 进一步扩充样本的数量和来源，获取更加准确的结果

本书以消费者为调查对象，通过街头拦截和滚雪球方式收集有效样本，这种方法具有快速高效、差异性高的优势，但是仍然存在一定的缺陷，例如样本数量有限和样本来源存在局限性。在未来的研究中应将样本范围扩大，投入更多的时间和精力，从不同地区对个体差异化较大的样本进行调研，获取更多的样本，保证样本来源的多样性和差异性，从而确保数据的准确性、客观性、全面性，获取更为准确的测量结果。

6.4.3 验证行业类别、产品属性差异对消费者善因营销感知的影响

本书只是以洗化行业的洗发水企业为例进行问卷调研和数据收集，不同行业、不同产品是否采取相同的善因营销策略？不同的行业产品是否对消费者善因营销感知有影响？未来研究可以针对上述问题进行探索，研究什么性质的行业、哪类产品进行善因营销的效果更好，更能够吸引消费者的参与和购买，在了解行业或产品的差异对消费者善因营销感知的影响机理后，可以有针对性地展开更加深入的研究。

6.4.4 探索新的消费者善因营销感知对忠诚意愿的影响路径

善因营销感知对忠诚意愿的影响机制是一个复杂多变的问题，其中存在多种因素和变量。本书遵循感知—态度—行为的研究范式，将心理学理论中的消费者依恋作为中介变量，构建消费者善因营销感知对忠诚意愿影响机制的框架，并得到合理的结果。但不可否认，感知与行为中间关于消费者态度的变量有很多，其他变量是否起到重要作用需要进一步研究和对比，这也是下一步探索的方向和课题。

附　录

附录1　消费者善因营销感知对其忠诚意愿的影响机制研究问卷

尊敬的女士/先生：

您好！这是一份学术研究问卷，主要是为了研究消费者善因营销感知对其忠诚意愿的影响，非常感谢您从百忙之中抽出时间回答此问卷！所有问题没有对错之分，您的回答仅代表您个人的观点。本问卷调查结果仅用于学术研究，不会被用于任何商业用途。

本调查完全采用匿名的方式，您的个人回答将被严格保密，敬请放心根据自己的真实想法作答。

感谢您的参与和支持！

第一部分

(1)在正式开始前，请您根据自己的第一反应，回答您与下面的描述在何种程度上相似。1为“完全反对”，7为“完全同意”。

题项	得分						
当帮助他人时，我有一种被需要的感觉	1	2	3	4	5	6	7
当帮助他人时，我感觉我变得更加重要	1	2	3	4	5	6	7
当帮助他人时，我感觉我的精神层面得到了升华	1	2	3	4	5	6	7
我对于与别人亲近感觉不舒服	1	2	3	4	5	6	7
我发现很难完全信任别人	1	2	3	4	5	6	7
我不喜欢向他人寻求帮助	1	2	3	4	5	6	7
我发现我很难依赖别人	1	2	3	4	5	6	7

(2)请阅读以下材料。

假设您正要购买一款洗发水，心中有几个备选品牌，它们在功能、外观、价位等方面没有太大差异，其中包括主营洗化用品的A企业的产品。犹豫不决之际，您进行了网络搜索，看到了一家权威媒体对A企业慈善活动方面的报道：

1996～2016年，A公司致力于帮助贫困地区的孩子获得更好的教育机会，与中国青少年发展基金会(题项中的慈善机构)合作开展“一个鸡蛋”慈善活动，即A公司在本年度将1%的利润捐给中国青少年发展基金会来帮助贫困儿童，让他们每天都可以吃上一个鸡蛋，提升身体素质。该公司在此之前也在2008年“5·12”汶川特大地震中捐出1亿元来帮助灾民重建家园。A公司设有“一个鸡蛋”网站，可查询慈善活动的报道和捐助的贫困学校。《A公司“一个鸡蛋”慈善活动社会效益评估报告》称，截至目前A公司已累计向中国青少年发展基金会捐款7600余万元。2014年A企业为“一个鸡蛋”计划捐款376万元。同年，A公司X型号产品在国家质量抽检中不合格，后积极整顿，产品质量抽检合格。2015年A企业为“一个鸡蛋”计划捐款400万元。

(3)请根据以上材料和您自身的想法，选择一个您认为最恰当的选项。

题项	完全反对	比较反对	有点反对	不确定	有点同意	比较同意	完全同意
该企业对善因营销活动的资金投入度高	1	2	3	4	5	6	7
该企业对公益事业付出了较多时间和努力	1	2	3	4	5	6	7
该企业提供给消费者的公益事业信息很多	1	2	3	4	5	6	7
该企业向消费者提供了明确的捐款去向	1	2	3	4	5	6	7
该企业对公益事业进行了长期关注	1	2	3	4	5	6	7
该企业对公益事业的投入与企业的能力成正比	1	2	3	4	5	6	7
该企业近期(2015 年)对公益事业的投入与以往(2014 年)的公益事业投入相一致	1	2	3	4	5	6	7
该企业对公益事业的投入与其他企业差不多	1	2	3	4	5	6	7
该企业在自身产品出现问题时进行公益事业是不含作秀成分的	1	2	3	4	5	6	7
该企业在重大灾害发生时立即进行慈善捐助是不含作秀成分的	1	2	3	4	5	6	7
正常经营情况下该企业开展公益事业是在履行社会责任	1	2	3	4	5	6	7
看到企业所在行业(个人护理)，会想到企业支持的公共事业(孩子的温饱与健康)	1	2	3	4	5	6	7
想到该企业，会想到孩子的温饱与健康	1	2	3	4	5	6	7

续表

题项	完全反对	比较反对	有点反对	不确定	有点同意	比较同意	完全同意
可以把该企业与中国青少年发展基金会(非营利组织)联系起来	1	2	3	4	5	6	7

(4)请根据以上材料和您自身的想法,选择一个您认为最恰当的选项。

题项	完全反对	比较反对	有点反对	不确定	有点同意	比较同意	完全同意
该企业在洗化用品行业处于领先地位	1	2	3	4	5	6	7
该企业在洗化用品行业有很强的研究和发展能力	1	2	3	4	5	6	7
该企业是一家竞争能力很强的公司	1	2	3	4	5	6	7
该企业能提供质量很好的产品	1	2	3	4	5	6	7
该企业能提供质量很高的售后服务	1	2	3	4	5	6	7
该企业是一家管理水平很高的公司	1	2	3	4	5	6	7
该企业的公益事业行为的确是为了更好地为消费者创造价值	1	2	3	4	5	6	7
该企业的公益事业行为的确是为了更好地促进社会的进步	1	2	3	4	5	6	7
该企业为公益事业提供了经济方面的援助	1	2	3	4	5	6	7
该企业将一定比重的销售额分配用于捐赠活动	1	2	3	4	5	6	7
该企业的公益事业行为是为了实实在在地促进社会公益事业的发展	1	2	3	4	5	6	7
该企业将利润的一部分用于回馈社会	1	2	3	4	5	6	7

续表

题项	完全反对	比较反对	有点反对	不确定	有点同意	比较同意	完全同意
该企业的经营行为符合法律规范	1	2	3	4	5	6	7
该企业的经营行为符合道德规范	1	2	3	4	5	6	7
该企业积极开展对整个社会有贡献的活动	1	2	3	4	5	6	7

(5)请根据以上材料和您自身的想法,选择一个您认为最恰当的选项。

题项	完全反对	比较反对	有点反对	不确定	有点同意	比较同意	完全同意
我认为我是最懂这个品牌的人	1	2	3	4	5	6	7
这个品牌与我有许多相同的特质	1	2	3	4	5	6	7
从这个品牌中得到的快乐是其他品牌不能给予的	1	2	3	4	5	6	7
若必须放弃这个品牌,我会很想念它	1	2	3	4	5	6	7

(6)请根据以上材料和您自身的想法,选择一个您认为最恰当的选项。

题项	完全反对	比较反对	有点反对	不确定	有点同意	比较同意	完全同意
我迫切想了解该企业与公益事业有关的产品信息	1	2	3	4	5	6	7
我愿意为参与公益事业的企业的产品支付更高的价格	1	2	3	4	5	6	7
我愿意通过购买该企业的产品来参与其公益事业	1	2	3	4	5	6	7
我愿意持续购买参与公益事业的企业的产品	1	2	3	4	5	6	7

续表

题项	完全反对	比较反对	有点反对	不确定	有点同意	比较同意	完全同意
我会一直忠诚于这个品牌	1	2	3	4	5	6	7
为了向慈善事业提供帮助，我会向他人推荐该品牌	1	2	3	4	5	6	7

第二部分

(1)您的性别：

①男　②女

(2)您的年龄段：

①18 岁以下　②18～25 岁　③26～30 岁　④31～40 岁

⑤41～50 岁　⑥51～60 岁　⑦61 岁及以上

(3)您的学历：

①初中及以下　②高中、中专或技校　③大专或本科

④研究生(硕、博)

(4)您的职业：

①政府部门工作人员　②一般工人或服务人员　③企业管理人员

④工程技术人员　⑤科研、教育和环境卫生领域的人员

⑥自由职业者　⑦其他

(5)您每月的收入(如果是学生，请选择每月的生活费)：

①2000 元及以下　②2001～4000 元　③4001～6000 元

④6001～8000 元　⑤8001～10000 元　⑥10000 元以上

问卷到此结束，再次向您致谢！

附录 2　基于价值创造的善因营销新分类及营销策略研究*

孙路平　王兴元

【摘要】本文以善因营销创造的经济价值和社会价值为基础，提出了善因营销的一种新的分类方法；以善因营销创造的这两种价值为坐标轴，构建了善因营销的分类矩阵，将善因营销分为四种类型：交易型、关系型、社会型以及公益型。同时，以新的分类为依托，针对每种善因营销类型的特点，提出了相应的营销策略，为企业采用善因营销方式提供了具有指导意义的新思路。

【关键词】善因营销分类；价值创造；善因营销策略；社会企业

一、引言

近年来，善因营销逐渐成为企业界和学术界关注的热点话题。善因营销既是一种商业活动，可以帮助企业实现利润目标；也是一种社会营销战略，可以为社会实现慈善目标和社会价值。这种将企业效益、社会公益以及消费者利益有机结合的多赢营销模式受到了国内外企业的青睐。目前学术界对善因营销的定义与内涵并没有明确的界定。瓦拉达拉金(P. R. Varadarajan)是首位提出善因营销定义并获得认同的学者。他认为，善因营销是一种具有特殊含义的营销活动过程，当消费者与企业之间发生产品交换行为时，企业就会向与其合作的慈善事业捐赠一定数量的收益。① 随着善因营销活动的多样化，瓦拉达拉金的定义显示出一定的局限性：虽然这种以交易为基础的推广活动是善因营销的主

---

* 本文原载于《山东大学学报》(哲学社会科学版)2017 年第 3 期，此处收录在原文基础上进行了修改。

① 参见 P. R. Varadarajan and A. Menon, "Cause-Related Marketing: A Coalignment of Marketing Strategy and Corporate Philanthropy," *Journal of Marketing*, vol. 52, no. 3 (1988), pp. 58-74。

要形式，但它仅仅是把善因营销当作企业与慈善机构或非营利组织之间的一种水平合作模式，并没有涉及营销活动中的广告和公共关系等其他活动。学者们的后续研究拓宽了善因营销的范围，将善因营销分为以交易为基础的促销活动（transaction based promotion）、联合解决问题促销型（joint issue promotion）、品牌授权型（licensing）以及捐赠型（in-kind donation）。①对善因营销外延扩展的上述研究止步于善因营销的表现形式，缺乏对企业实施善因营销的本质、动机与价值创造的深入探讨。刘戈丹首次从善因营销给企业带来的价值着手进行研究，将价值分为工具性价值和关系价值。② 工具性价值是指可以用货币衡量的短期经济利益，比如企业的销售额。关系价值是指企业在采用善因营销过程中与顾客、政府、供应商等利益相关者建立和维系的良好关系。价值视角的研究既对前人的研究做了良好补充，又为后人的深入研究做了良好铺垫。

社会企业（social enterprise）的发展挑战了传统企业的终极目标，即股东利益最大化。英国社会企业联盟认为社会企业是指应用商业手段实现社会目的的企业。③ 社会企业基于社会需求，采用商业手段获取竞争力，最终把生产的利润用于实现社会目的或再生产。从这一角度看，成功的社会企业不仅要实现高利润，而且要实现社会价值。因此，在给善因营销分类时应当充分考虑传统企业与社会企业在从事善因营销活动中贡献的双重价值，即经济价值和社会价值。本文将从价值创造的角度出发，提出善因营销新的分类标准，构建新的善因营销分类矩阵。然后根据每种善因营销类型的特点与挑战，分别提出对应的营销策略。

二、善因营销的价值创造及其分类

（一）善因营销的价值创造

企业价值是一个企业可持续发展的关键因素，它可以为企业自身、利益相

① 参见 A. R. Andreasen, “Profits for Nonprofits: Find a Corporate Partner,” *Havard Business Review*, vol. 74, no. 6 (1996), pp. 47-50。

② 参见 G. Liu, “Impacts of Instrumental Versus Relational Centered Logic on Cause-related Marketing Decision Making,” *Journal of Business Ethnics*, vol. 33, no. 2 (2013), pp. 243-263。

③ 参见王明、朱晓红：《社会企业论纲》，《中国非营利评论》，2010 年第 2 期。

关者以及社会带来财富。学术界对企业价值创造的研究由最初单维度的物质资本概念,如"账面价值"发展到利益相关者以及社会价值的多维价值创造。[①]股东至上理论认为,企业的首要目标是服务股东,实现利润的最大化。善因营销活动可以提高产品销售额,短期内增加"账面价值"。同时,利益相关者理论指出利益相关者与企业的生存和发展有非常密切的关系,良好的关系价值为企业带来的正面品牌形象以及消费者忠诚度可以在未来转化为长期经济利益。[②]所以本文在分类过程中,把善因营销的经济价值分为短期经济价值和长期经济价值。社会企业的长期目标在于实现社会目标和再生产,实现方式主要是商业运营,所以它同时具有商业性与社会性。社会企业的商业性与一般企业并无区别,均需要自负盈亏。它与一般企业的不同点在于,其社会价值的实现不是源于外界压力,而是源自企业自身的社会责任感。[③] 企业从事善因营销活动创造的经济价值和社会价值作为善因营销的两个向度,经济价值在形式上存在差异,社会价值在程度上存在差异,符合坎宁安(L. F. Cunningham)等通过聚类研究提出的分类标准,为善因营销进行新分类奠定了基础。[④]

(二)基于价值创造的善因营销分类

企业实施善因营销的目的是双重价值创造,即同时实现经济价值和社会价值。经济价值可分为短期与长期经济价值,社会价值按照高低程度可分为高社会价值和低社会价值。根据企业在善因营销过程中对经济价值和社会价值的倾斜程度,可以将善因营销分为交易型、关系型、社会型和公益型四类。

1.交易型:短期经济价值—低社会价值

在这一象限中,企业追求短期的销售额和"账面"价值,对慈善事业的社会参与度不高(见图 1)。这种形式的善因营销存在很强的交易性,即消费者只要购买慈善营销的产品,企业就会把一定比例或固定数额的货币捐给慈善机构来

① 参见王世权:《试论价值创造的本质性质、内在机理和治理要义——基于利益相关者治理视角》,《外国经济与管理》2010 年第 8 期。

② 参见付俊文、赵红:《利益相关者理论综述》,《首都经济贸易大学学报》2006 年第 2 期。

③ 参见丁敏:《社会企业商业模式创新研究》,《科学经济社会》2010 年第 1 期。

④ 参见 L. F. Cunningham, C. E. Young, W. Ulaga, and M. Lee, "Consumer Views of Servie Classifications in the USA and France," *Journal of Service Marketing*, vol. 18, no. 6, pp. 421-432。

帮助完成某项慈善事业。这种在善因营销过程中拿销售额与慈善捐献相交换的善因营销方式称为交易型善因营销。这种营销方式通过对慈善事业的捐赠来吸引消费者增加购买量、进行品牌转移，以此来提高销售额和短期经济利润。这种模式往往持续时间比较短，采用的多是销售决定型的营销策略。

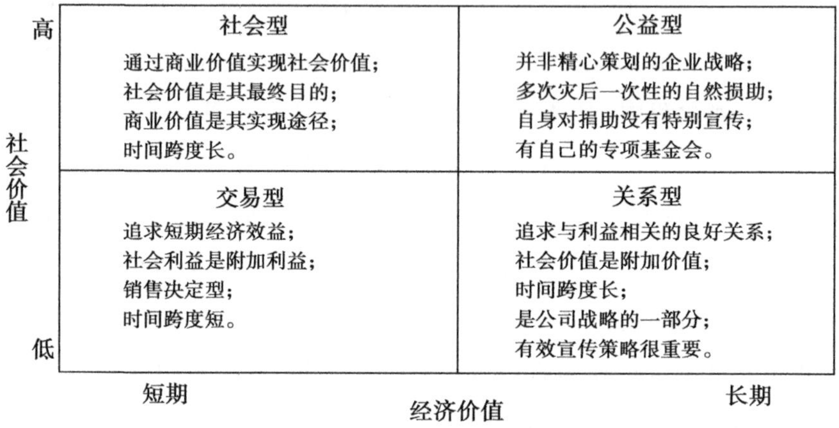

图 1　基于经济价值与社会价值双维度的善因营销分类

研究表明，交易型善因营销会在短期内提高产品的销售额，实现短期的经济价值。但说服知识模型(persuasion knowledge model)理论表明，随着消费者对企业善因营销的了解，他们会去评价或质疑某种说服意图。[①] 当消费者将企业善因营销归因于利他时，他们会积极地响应；而当善因营销被归因于利己时，结果会适得其反，甚至会引起消费者抵制。[②]

2.关系型：长期经济价值—低社会价值

关系型善因营销企业重视的不是企业的短期收益，而是企业与利益相关者的关系以及良好的关系带来的潜在长期经济效益。关系型善因营销企业的目的是提升品牌与企业的形象、强化企业的价值观、提升顾客的忠诚度等。企业在进行关系型善因营销活动时，往往会精心策划善因营销活动来提高消费者或

① 参见梁静：《消费者说服知识研究述评》，《外国经济与管理》2008 年第 7 期。

② 参见 D. J. Webb and Lois A. Mohr, "A Typology of Consumer Responses to Cause-Related Marketing: From Skeptics to Socially Concerned," *Journal of Public Policy and Marketing*, vol. 17 (1998), pp. 226-238。

其他利益相关者对善因营销活动的参与度以及增加对品牌的正面响应。这一类型的善因营销大多时间跨度长，不以交易为基础。比较典型的善因营销方式是联合解决问题的营销方式。关系型善因营销有别于交易型善因营销，它是以感情、信任等无形的价值作为交换基础，其重心是“关系”，关注的是关系的长期化以及长期关系创造的新价值，而非短期经济价值。在当今物质生活高度丰富和趋同、消费者不断更新变化需求的背景下，长期保持一份稳定的关系非常困难。另外，关系型善因营销的目的是保持或增强企业与利益相关者的关系，急于从“关系”中获取经济回报会偏离或者破坏建立关系的目的。

3.社会型：短期经济价值—高社会价值

对社会型善因营销企业来说，善因营销的社会价值是企业参与这种营销的动力、源泉和根本目标。社会企业是采用这种营销模式的主体，它以营利型企业的模式进行商业活动，并将企业的经济效益用于公共事业。比如美国设计师布雷克·麦考斯(Blake Mycoskie)创立的品牌 Toms，品牌创立的初衷是给贫困国家或地区的孩子提供鞋子。企业从建立之初，就承诺顾客每买一双鞋子就向贫困国家或地区的孩子送出一双鞋子。社会型善因营销与前两种营销方式有本质的不同。交易型和关系型善因营销方式的根本目的是实现经济价值，而社会型善因营销方式的出发点是社会效益。目前在国内，社会型善因营销的最大挑战是民众对社会企业的认知不够，对其实现社会价值的商业手段存在质疑。比起欧美国家，我国社会企业的发展还处于起步阶段，而且市场的不规范导致的消费者信任危机使民众很难在短时间内接受社会企业的善意动机。[①]

4.公益型：长期经济价值—高社会价值

公益型善因营销企业在进行慈善活动时，会同时考虑到社会价值和自身的品牌价值。公益型善因营销与社会型善因营销都是以解决社会问题为出发点，但公益型善因营销在实现社会价值的同时想要获得品牌形象、企业文化等长期经济价值，是最接近纯粹慈善的一种善因营销方式。企业支持的慈善事业往往比较广泛，可能是在紧急事件发生后给予及时响应，也可能是对自己关注的慈善事业进行持续性资助。比如加多宝在 2008 年汶川大地震后迅速向灾区捐赠

① 参见王名、朱晓红：《社会企业论纲》，《中国非营利评论》2010 年第 2 期。

1亿元。公益型善因营销与关系型善因营销的共通点是获取关系的长期化以及长期关系创造的新价值。两者的区别在于善因营销的出发点是社会价值还是关系价值。刘凤军等指出，非营利组织操作的不规范以及信息的不透明导致民众对慈善事业持较低的信任度。[①] 目前在中国，消费者对非营利组织的信任问题是制约慈善事业以及公益型善因营销活动的最大障碍。

三、基于价值创造分类的善因营销策略分析

（一）交易型善因营销策略

交易型善因营销多数是与产品的销售捆绑在一起，是一种强制捐赠行为。这种“被捐赠”的模式会让消费者的权利感降低。企业采取这种营销方式面临的最大问题是消费者会质疑交易型善因营销的动机。若消费者认为这种行为是在利用慈善事业以及消费者的善心，效果可能会适得其反。增强消费者的信任是这一营销模式的重要任务。首先，企业在选择慈善事业时，要选择紧急的、本地的或是与其目标消费者联系密切的慈善项目，去解决实际的社会问题。鲁滨逊(S. R. Robinson)等研究指出，当消费者可以选择自己支持的慈善事业时，其参与意愿会增强。[②] 其次，捐赠的额度要与企业的财务能力保持一致，过少的货币性捐赠会让消费者认为企业在利用慈善事业谋取利益。企业应尽量选择非货币捐款，因为这种捐赠方式能够让消费者感知到企业对慈善事业的承诺。[③]

（二）关系型善因营销策略

关系型善因营销的出发点或目的是树立品牌形象、维系好企业与消费者以及其他利益相关者之间的关系，这种形式往往不会与产品销售挂钩。保持长期稳定的关系是此类型善因营销最大的挑战。庄贵军、席酉民研究指出，关系为

---

① 参见刘凤军、孔伟、李辉：《企业社会责任对消费者抵制内化机制研究——基于AEB理论与折扣原理的实证》，《南开管理评论》2015年第1期。

② 参见 S. R. Robinson, C. Irmak, and S. Jayachandran, “Choice of Cause in Cause-Related Marketing,” *Journal of Marketing*, vol. 76, no. 4 (2012), pp. 126-139。

③ 参见 J. A. G. Folse, R. W. Niedrich, and S. L. Grau, “Cause-Related Marketing: The Effects of Purchase Quantity and Firm Donation Amount on Consumer Inferences and Participation Intentions,” *Journal of Retailing*, vol. 86, no. 4 (2010), pp. 295-309。

消费者带来的利益、共同的价值观以及沟通会正向影响关系主体之间的信任与承诺。① 因此，在关系型善因营销中，企业应选取与目标消费者的需求或价值观相吻合的公益事业开展此类善因营销活动。比如美国女性时装品牌丽诗加邦(Liz Claiborne)针对女性关注的家庭暴力问题，邀请知名女性艺术家创作了一系列公益广告，与目标顾客群体共享了内在的价值观。另外，邀请消费者、员工或其他利益相关者与公司一起参与企业赞助的慈善事业和项目是非常有效的沟通方式。当消费者或员工积极参与到善因营销活动中来，他们对公司的情感以及忠诚度会有很大的增强和提高。

（三）社会型善因营销策略

社会型善因营销主要是由社会企业采取的营销策略。这类企业创立的终极目标是实现社会价值，保持良好的账面价值和社会影响力是实现其社会价值的主要途径。在现阶段的中国，社会企业的首要任务是促进大众对社会企业的内涵和创新型商业模式的认知和深入理解。所以企业要把宣传的重点放在提高消费者对社会企业的认知方面。根据刺激—反应理论，外部的营销刺激会对消费者的行为产生影响。社会企业可以通过增加资金投入和精力投入来增强消费者对企业的能力与利他动机感知，从而提高消费者的参与意愿。② 这里的精力投入是指企业对善因营销活动的努力，包括策划、宣传与监管，以及提高信息的透明度等。

（四）公益型善因营销策略

公益型善因营销与社会型善因营销都是以解决社会问题为出发点，但公益型善因营销不会考虑营销的短期效应，它要获得的是稳定良好的“关系”带来的长期利益。虽然公益型善因营销是最接近纯粹公益的一种方式，但公众对非营利组织信任度低是公益型善因营销面临的最大挑战。研究表明，企业对灾难的反应速度以及慈善事业的投入水平与企业能力的一致性对消费者信任感知和

---

① 参见庄贵军、席酉民：《关系营销在中国的文化基础》，《管理世界》2003 年第 10 期。

② 参见李宏、杨双艳：《品牌意图能动框架——品牌关系研究新进展》，《企业经济》2016 年第 5 期。

利他动机感知起到重要的影响作用。[①] 首先,为减少消费者或民众对公益型善因营销利己动机的质疑,企业在应对灾难性事件时要及时主动响应。其次,根据对比效应,消费者对企业捐赠资金数量的感知来源于企业自身与其他企业或与自身能力的对比。若企业对善因营销活动的捐助投入与自身的财务实力不一致,比如,大企业捐赠少会被认为是被动的消极响应,将带来消费者抵制等负面态度和行为。

四、结论与启示

到目前为止,虽然善因营销的多赢模式已得到企业和学术界的广泛认可,但善因营销模式的内涵界定并不清晰全面,特别是随着社会创新和社会企业的兴起,已有研究提出的善因营销概念已经不能满足目前社会发展的需求。考虑到善因营销创造的经济和社会价值,本文提出了一种新的分类方法,即将善因营销分为交易型、关系型、社会型以及公益型四种类型,并根据每种类型的特点以及面临的问题,提出相应的营销策略。善因营销是一项系统性、复杂性和动态性的工程。企业在开展善因营销活动时,要根据自身情况,以价值为导向,选择适合企业发展的慈善项目展开策划。一套系统的善因营销活动中,企业可能根据具体的价值导向和目标综合两种或两种以上的营销方式。这种分类方式可以为企业开展善因营销活动提供战略性指导。

---

① 参见刘凤军、孔伟、李辉:《企业社会责任对消费者抵制内化机制研究——基于 AEB 理论与折扣原理的实证》,《南开管理评论》2015 年第 1 期。

附录3　善因营销广告诉求目标框架效应对消费者购买意愿的影响*

孙路平　王兴元

【摘要】本文采用2×2组间实验设计，探讨了善因营销广告诉求，旨在研究目标框架与消费者慈善事业卷入度对消费者善因营销产品购买意愿的影响。实验结果表明，广告诉求目标框架的具体化程度对于消费者的购买意愿以及消费者感知企业利他动机影响的主效应显著。具体来说，与抽象的目标表述相比，具体的目标表述会增强消费者参与善因活动的意愿，并且促进消费者感知企业善因活动的利他动机；其中，消费者感知企业的利他动机在目标陈述方式对消费者参与意愿的影响中起中介作用。另外，消费者的慈善事业卷入度会调节目标陈述方式与购买意愿之间的关系。相对于慈善事业卷入度高的消费者，目标陈述的具体化对慈善事业卷入度低的消费者的影响更为显著。本文研究结论对企业设定善因营销目标，提升信息传播效果，促进消费者对善因营销商品的购买具有积极作用。

【关键词】善因营销；广告诉求目标框架；慈善事业卷入度

一、引言

善因营销，也被称为慈善营销、事业关联营销等，是指企业为达到某种商业目的，与某个或多个慈善机构合作来共同解决社会某种需求的一种商业推广策

* 本文原载于《东岳论丛》2016年第12期，此处收录在原文基础上进行了修改。

略。善因营销并非慈善事业，它是一种营利性的给予与捐赠。[①] 具体来说，消费者每参与一次企业交易，就会有特定比例的收益捐赠给某慈善事业以满足某种社会需求以及企业自身的需求。这种多赢的推广策略受到了国内外企业和学术界的广泛关注。在国内，最为大家所熟知的就是农夫山泉发起的“一分钱”善因营销行为，农夫山泉承诺消费者每购买一瓶农夫山泉矿泉水，就会有一分钱捐入希望工程。这一善因营销方式增加了农夫山泉的销售额，也为其赢得了美誉。此后，也有众多企业效仿，但成功的案例并不多见。特别是在红十字丑闻暴发后，民众对慈善事业的信任度和参与度明显降低。如何提高消费者对慈善营销的参与度，特别是增强慈善事业卷入度较低的消费者的参与意愿是本文研究的重点。善因营销研究重点围绕这一营销方式对消费者购买意愿的正向影响来展开。不少实证研究证明，善因营销是一种双赢或多赢的营销策略，消费者对善因营销和其他亲社行为持有正面态度。[②] 善因营销活动可以提高产品销售额，提升品牌形象，激发消费者的购买意愿。但是面对日益膨胀的善因营销计划以及社会信任度的降低，消费者开始质疑善因营销的根本动机以及活动的可信度。[③] 虽然很多研究表明消费者慈善营销归因决定了消费者的购买意愿，但极少有学者讨论消费者对企业参与善因营销活动归因判断的前置因素，而这恰恰可以为企业制定善因营销策略和促进沟通提供理论依据。

慈善事业消费属于以目标导向为主的消费行为，行为主体的参与意愿取决于善因目标承诺以及善因目标实现的可能性等与目标相关联的构念。有效地向消费者传达企业善因营销活动的目标承诺对于提升他们的参与意愿起到至关重要的作用。目标框架效应指出，决策结果的不同陈述方式对于人们对该事

---

① 参见 P. R. Varadarajan and A. Menon, “Cause-Related Marketing: A Coalignment of Marketing Strategy and Corporate Philanthropy,” *Journal of Marketing*, vol. 52, no. 3 (1988), pp. 58-74。

② 参见 J. K. Ross, P. Larry, and A. S. Larry, “Consumer Perceptions of Organizations That Use Cause-Related Marketing,” *Journal of the Academy of Marketing Science*, vol. 20, no. 1 (1992), pp. 93-97。

③ 参见 D. J. Webb and A. M. Lois, “ A Typology of Consumer Responses to Cause-Related Marketing: From Skeptics to Socially Concerned,” *Journal of Public Policy and Marketing*, vol. 17 (1998), pp. 1251-1256。

件的判断起到不同的影响；它会改变行为主体对事物的认知、情感以及行为结果。[①] 目标按照其具体化程度可以被表征为具体目标和抽象目标[②]，不同框架可以作为个体是否坚持贯彻一个目标的参照物，具体的目标陈述将增强目标的可实现性和目标承诺。另外，解释水平理论（construal level theory）与心理距离（psychosocial distance）理论也表明高解释水平即抽象的描述将扩大事物与个体之间的距离[③]，而低解释水平即具体的描述则将缩小事物与个体之间的距离，从而提高此事物与个体之间的相关性。那么善因营销目标具体化表述是否会增强慈善事业与消费者的关联性，提高消费者的购买意愿？如果会，其内在机制是什么？本文结合目标框架、归因理论以及解释水平与心理距离理论，研究怎样的目标框架（抽象/具体）可以增强消费者特别是低卷入度消费者对善因营销的正面响应。本文拟为企业设定善因营销目标，促进信息传播效果，最终达到增强消费者对善因营销产品的购买意愿提供理论依据。

二、理论分析及假设提出

（一）文献回顾

1.目标框架效应

目标框架效应来源于信息框架效应。信息框架效应指的是事物成本或决策结果的不同表述方式对于个体对该事物的决策判断起到不同的影响。莱文（I. P. Levin）等把信息框架效应分为风险框架效应（risky choice framing effect）、属性框架效应（attribute framing effect）以及目标框架效应（goal framing effect）[④]，目前已

---

① 参见 C. E. Kopetz, A. W. Kruglanski, Z. G. Arenzs, J. Etkin, and H. M. Johnson, "The Dynamics of Consumer Behavior: A Goal Systematic Perspective," *Journal of Consumer Psychology*, vol. 22 (2011), pp. 208-223。

② 参见 M. L. Scott and S. M. Nowlis, "The Effect of Goal Specificity on Consumer Goal Reengagement," *Journal of Consumer Research*, vol. 10 (2013), pp. 444-459。

③ 参见 Y. Trope, N. Liberman, and C. Wakslak, "Construal Levels and Psychological Distance: Effects on Representation, Prediction, Evaluation, and Behavior," *Journal of Consumer Psychology*, vol. 17, no. 2 (2007), pp. 83-95。

④ 参见 I. P. Levin, S. L. Scneider, and G. J. Gaeth, "All Frames Are Not Created Equal: A Typology and Critical Analysis of Framing Effects," *Organizational Behavior and Human Decision Processes*, vol. 76, no. 2 (1998), pp. 149-188。

有国内外学者从信息框架理论来阐述不同陈述方式对善因营销效果的影响。但大多数研究采用的是风险框架效应，比如朱翊敏的试验中，善因营销活动在呈现信息时用到的“儿童白血病的治愈率可达80%”与“儿童白血病的死亡率是20%”都采用了风险框架效应；[①]格劳（S. L. Grau）等在研究中也是使用风险框架效应，例如他们指出，75%的骨癌病人可以存活。[②] 极少数学者采用目标框架陈述，比如常（C. T. Chang）在研究中使用了结果目标框架：“你们可以和我们一起共同抵抗饥饿。”[③]目标框架陈述是企业为参与慈善活动的目标做出的承诺，而风险框架效应陈述只对慈善事业的风险进行客观陈述，并未涉及企业在善因营销活动中的投入。企业对慈善营销活动的承诺是消费者判断企业动机的重要因素。所以在善因营销框架领域，关于目标框架的研究应该增加。

目标框架效应指的是内容相同的目标以不同的语义表征或陈述方式呈现出来。[④] 而不同的表征方式会改变行为主体对某事物的认知、情感以及行为结果。目标框架按照具体化程度的不同可以分为抽象和具体。[⑤] 长久以来，目标框架效应被广泛应用在学习认知领域，这些研究表明：与抽象目标相比，具体的目标框架能带来更好的绩效，因为具体的目标框架会带来更高的目标承诺，即对目标愿意付出更多的时间、精力等。具体的目标框架对结果的表述有较小的伸缩空间，个体或组织很容易去衡量目标的可实现性。[⑥] 近些年来，目标框架也被应用在管理和营销领域。于尔屈曼（G. Ulkumen）和奇玛（A. Cheema）研究

---

① 参见朱翊敏：《慈善营销中契合类型与信息框架对消费者响应的影响》，《南开管理评论》2014年第4期。

② 参见 S. L. Grau and J. A. G. E. Folse, “Cause-Related Marketing: The Influence of Donation Proximity and Message-Framing Cues on the Less Involved Consumer,” *Journal of Advertising*, vol. 46, no. 4 (2007), pp. 19-33。

③ C. T. Chang, “To Donate or Not to Donate? — Product Characteristics and Framing Effects of Cause-Related Marketing on Consumer Purchase Behavior,” *Psychology & Marketing*, vol. 25, no. 12 (2008), pp. 1089-1110。

④ 参见袁国方、张钢：《时间框架效应下时间个性差异对知识团队创新的影响机制研究》，《南开管理评论》2015年第3期。

⑤ 参见 M. Rudd, J. Aaaker, and M. Norton, “Getting the Most out of Giving: Concretely Framing a Pro-Social Goal to Maximizes Happiness,” *Journal of Experimental Social Psychology*, vol. 54 (2014), pp. 11-24。

⑥ 参见 J. Wirth, J. Kunsting, and D. Leutner, “The Impact of Goal Specificity and Goal Type on Learning Outcome and Cognitive Load,” *Computers in Human Behavior*, vol. 25 (2009), pp. 958-969。

消费者对存款目标的设定——具体的数额（具体）或尽可能存更多的钱（抽象）——对于个体存款具体数额的影响。[①] 他们表示具体的目标在高解释水平（关注为什么存款）的情况下会帮助消费者存更多的钱，而抽象的目标在低解释水平（强调怎样存更多的钱）的情况下会使存款数量更多。另外，目标的具体化程度还与个体的心理状态有密切关系。抽象的目标会导致情绪紧张，而具体的目标会带来正面的情绪。鲁德（M. Rudd）等人把目标的具体化程度用在了亲社会行为中。其实验表明具体的目标表述（使人微笑）比抽象的目标表述（使人幸福）更能使个体在慈善事业中得到幸福。[②]

2.慈善事业卷入度

卷入度指的是个体根据自身的兴趣、价值、需要等内在需求，看待的外在物品或时间与自身的相关度。[③] 事物的卷入度高意味着个体受自己经历、兴趣、价值观等影响，感知到此事物是重要的、与自己相关的；同理，事物的卷入度低意味着个体感知此事物与他/她关系不大，不是太重要。在消费者行为领域，卷入度的相关研究很多，比如卷入度对信息加工、品牌搜索以及购买意向等方面的影响。但在善因营销领域，却很少涉及慈善事业的卷入度。慈善事业的卷入度指的就是个体感知的企业支持的慈善事业是否与自身的内在需求有关。慈善事业高/低卷入度的消费者认为企业支持的慈善事业与自己关联很大/不大，或重要/不重要。很明显，慈善事业卷入度低的消费者对善因营销活动的参与度低于善因营销卷入度高的消费者。除此之外，卷入度高低将影响消费者对信息的处理方式[④]，高卷入度的消费者会投入很多的时间和精力来分析信息，对信息的具体内容进行精细化加工；在低卷入度的情况下，消费者不会投入很多精力来加工信息的核心内容，而是将边缘线索联系起来，比如价格等。

---

① 参见 G. Ulkumen and A. Cheema, "Framing Goals to Influence Personal Savings: The Role of Specificity and Construal Level," *Journal of Marketing Research*, vol. 48 (2011), pp. 958-969。

② 参见 M. Rudd, J. Aaaker, and M. Norton, "Getting the Most out of Giving: Concretely Framing a Pro-Social Goal to Maximizes Happiness," *Journal of Experimental Social Psychology*, vol. 54 (2014), pp. 11-24。

③ 参见 J. L. Zaichkowsky, "Measuring the Involvement Construct," *Journal of Consumer Research*, vol. 12, no. 3 (1985), pp. 341-352。

④ 参见 J. L. Zaichkowsky, "Measuring the Involvement Construct," *Journal of Consumer Research*, vol. 12, no. 3 (1985), pp. 341-352。

（二）广告诉求目标框架对消费者购买意愿的影响

按照广告诉求目标的具体化程度，可以把目标分为具体目标和抽象目标。在解释水平理论中，不同解释水平（具体/抽象）会影响事物与个体之间的心理距离，低解释水平（具体）的描述会拉近人们感知到的自己与社会之间的心理距离（时间、空间、社会）；高解释水平（抽象）会拉大人们感知到自己与社会之间的心理距离。[①] 所以在善因营销活动中，具体的目标表述会缩短慈善事业与消费者之间的时间、空间与社会距离。消费者感知到此事件更加紧急，与自己的距离更近，与自己的关系更加紧密。他们也用实证研究表明，低解释水平的语言表征可以加快个体或组织对事件的参与及其进展。企业对目标的设定是消费者判断企业为实现社会价值做出承诺的信号。具体的目标框架说明了企业在设定目标时所付出的时间与精力，以及对目标可实现性的信心。另外，具体的目标框架对于结果的表述有较小的伸缩空间，个体或组织很容易衡量目标的可实现性。在善因营销活动中，具体的目标陈述是企业向消费者表现的自身对慈善事业的承诺与决心，并表示接受消费者对其承诺的检验。这种高目标承诺可以有效增强目标可实现的感知。人的行为受到感知到的行为后果的影响。若个体认为目标的可实现性较强，行为主体的参与度就会提高；若行为主体感知到的可实现性较弱，他们就会降低自身的参与意愿。因此，提出假设 H1。

H1：在善因营销中，目标陈述方式会对消费者的购买意愿产生影响。

具体来说，与抽象的目标表述相比，具体的目标表述会使消费者的购买意愿增强。

（三）消费者利他动机感知的中介作用

归因理论是用来判断、解释造成个体的行为结果原因的一种动机理论。[②] 可以将个人的行为动机归于外在动机和内在归因两种。善因营销活动中的内在归因指的是，消费者把企业善因营销活动行为归结于满足自身的利益，比如

---

① 参见 N. Liberman, Y. Trope, S. M. Mccrea, and S. J. Sherman, "The Effect of Level of Construal on the Temporal Distance of Activity Enactment," *Journal of Experimental Social Psychology*, vol. 43 (2007), pp. 143-149。

② 参见 B. Weiner, "Attributional Thoughts about Consumer Behavior," *Journal of Consumer Research*, vol. 27, no. 3 (2000), pp. 382-387。

提高销售量,增加企业美誉度等;外部归因指的是主导企业善因营销活动的根本原因是实现社会价值,解决社会问题。归因的判断会对个体的态度、行为产生重大影响。若消费者将企业的慈善捐赠行为归结于内因,消费者就会对捐赠方表现出消极态度;但如果企业的捐赠行为被归结为解决社会问题,消费者会对其产品和企业产生积极的态度。[①] 凯利(H. Kelly)的归因协变模型指出个体对于行为的归因在很大程度上取决于它的刺激物及其所处的环境。[②] 归因时个体是根据这一行为传递出来的信息进行判断。所以说,信息因素是影响消费者事件归因倾向的一个重要因素。目标框架在善因营销中是一个很重要的信息因素。具体的目标框架拉近了慈善事业与消费者之间的时间距离、空间距离以及心理距离,并且强化了目标构念间的关联,比如目标承诺、目标的可检验性等。基于以上构念之间的信息关联性,消费者会对企业的动机进行归因。研究表明,消费者对企业动机的归因是他们是否参与慈善营销的前置因素。[③] 因此,提出假设 H2。

H2:消费者感知企业善因营销活动的利他动机在目标陈述方式对消费者参与意愿的影响中起中介作用。

具体来说,与抽象的目标表述相比,具体的目标表述有利于消费者感知企业善因营销活动的利他动机,进而提高消费者的参与意愿。

(四)慈善事业卷入度的调节作用

行为主体对事物的认知和情感既包括经过努力精细化加工信息的过程又包括无需努力的自动过程。个体对信息加工的努力程度取决于行为主体对事件或事物的卷入程度。精细化加工模型(elaboration likelihood model)是个体处理信息最有影响力的模型,它指出消费者态度的转变会通过中枢路径和边缘

---

① 参见 D. J. Webb and A. M. Lois, "A Typology of Consumer Responses to Cause-Related Marketing: From Skeptics to Socially Concerned," *Journal of Public Policy and Marketing*, vol. 17 (1998), pp. 1251-1256。

② 参见 H. Kelly, "The Processes of Causal Attribution," *Journal of American Psychologist*, vol. 28, no. 2 (1973), pp.107-128。

③ 参见 P. S. Ellen, D. J. Webb, and L. A. Mohr, "Building Corporate Associations: Consumer Attributions for Corporate Socially Response Programs," *Journal of the Academy of Marketing Science*, vol. 34, no. 2 (2006), pp. 147-157。

路径两种途径实现。[①] 当消费者被暴露在与自己相关度高的信息中时，即高卷入度的情况下，他们会通过中枢路径进行认知，会对信息的内容进行深加工，会更加关注信息的核心内容；若信息与个体的相关度较低，即低卷入度的情况下，消费者则通过周边路径来进行认知，他们不会投入过多的时间对信息内容进行精细化加工，而是运用一些非核心的因素。李宏等在研究负面评论对消费者网络购物决策的影响时指出：高卷入度的消费者在处理网上信息评价时，会把焦点放在信息的核心内容上；在低卷入度的情况下，消费者可能不会关注信息的核心内容，而是关注信息来源、其权威性等非核心信息。[②] 在善因营销中，当消费者认为企业支持的慈善事业很重要、与自己关系紧密时，他们会对信息的核心内容进行深加工，会把注意力放在此善因营销活动给慈善事业带来的实际意义与目标上，而目标的表述方式则是次重点。当消费者对此慈善事业的卷入度较低时，他们倾向于关注一些非核心信息，比如目标框架（具体/抽象），具体的表述方式会降低消费者对其信息内容的处理难度，协助消费者快速做出决定。根据解释水平理论，低解释水平（具体）会拉近个体与某事件的心理距离，而同时近距离的信息描述会有效增强消费者的信任和参与意愿。因此，提出假设 H3。

H3：消费者的慈善事业卷入度可以调节目标陈述方式与购买意愿之间的关系。

具体来说，相对于慈善事业卷入度高的消费者，对于慈善事业卷入度低的消费者来说，目标陈述的具体化比抽象化对消费者响应的影响更为显著。而对慈善事业卷入度高的消费者来说，这一反应并不明显。

---

① 参见 A. S. R. Manstead, "Elaboration Likelihood Model," *Advances in Experimental Social Psychology*, vol. 19 (1995), pp. 123-205。

② 参见李宏、喻葵、夏景波：《负面在线评论对消费者网络购买决策的影响：一个试验研究》，《情报杂志》2011 年第 5 期。

三、实验研究

(一)实验1

实验1用来探究目标框架是否对消费者购买意愿有影响,采用2(抽象、具体)×2(低卷入度、高卷入度)组间实验设计来进行。

1.刺激物设计

(1)产品、慈善机构与慈善事业的选择

为防止产品与慈善机构的熟知度以及契合度对实验结果产生重要影响,实验1在前测阶段以27名学生为样本确定他们最熟悉的产品类别与慈善机构:文具与中华慈善总会。使用虚拟品牌"可为文具"来消除品牌偏好对善因营销的响应,考虑到慈善事业卷入度对善因营销响应的影响,选取流浪狗关怀作为慈善事业进行研究。

(2)善因目标描述具体化

设计了善因营销的两种广告,用广告内容描述来操作其目标的具体与抽象。广告文本指出每年流浪狗的数量以及可为文具可以给流浪狗带来的具体和抽象目标。

具体目标的陈述为:可为文具,我们在乎。我们将启动"给流浪狗一个温暖的家"计划。从今日起,您每购买一次可为文具,就会将5%的销售额捐入中华慈善总会,帮助流浪狗找个温暖的家。

抽象目标的陈述为:可为文具,我们在乎。我们将启动"关爱流浪狗"计划。从今日起,您每购买一次可为文具,就会将5%的销售额捐入中华慈善总会,来关爱保护流浪狗。

2.实验程序

采用组间设计,共有90名大学生参与此实验。学生样本的同质性较高,能够较好地降低个体差异对研究结果的影响。学生被随机分配到两个小组。实验共分为三个步骤进行:首先,请被试者阅读他们手中的广告信息,具体和抽象目标框架信息已在前文指出;其次,请被试者回答购买意愿、慈善事业卷入度等测量题项;最后回答人口统计特征题项。

3.变量测试

在实验1中需要对购买意愿、慈善事业卷入度两个构念进行测量。对于产品购买意愿的测量,采用侯俊东等在研究公益事项属性与中国消费者购买意愿关系实证研究中使用过的量表,题项包括:“我迫切想了解与该企业相关的产品信息”“我愿意为有善因行为企业的产品支付更高的价格”“我愿意通过购买企业的产品来参与其公益活动”“我愿意购买与公益活动有关的产品”等。[①]采用李克特七级量表(1代表“完全不同意”,7代表“完全同意”)。该量表在实验1中的信度系数为0.816,这表明量表在实验1中具有良好的信度。对慈善事业卷入度的测量,采用马赫斯瓦兰(D. Maheswaran)和梅耶斯(L. J. Meyers)的7题项量表进行测量,由两组被试进行评价,题项包括:“保护流浪狗非常重要”“保护流浪狗与我个人息息相关”等。被试基于李克特七级量表进行评价。[②]该量表在实验1中的信度系数为0.824,这表明量表在实验1中具有良好的信度。

4.假设检验

实验1首先探究两个问题:第一个是目标框架是否对消费者购买意愿有影响,第二个是消费者慈善事业卷入度的调节作用。为完成第一个目标,以善因营销中具体和抽象的目标框架为自变量,消费者的购买意愿为因变量,进行单因素方差分析(ANOVA),分析结果为:与抽象的目标框架相比,具体的目标框架描述对消费者的购买意愿有更加积极的影响,具体数据为$M_{具体目标}=6.17$,$M_{抽象目标}=5.82$,$F(1,119)=6.556$,$P<0.01$。因此,H1假设得到验证。为检验消费者慈善事业卷入度的调节作用。目标框架和慈善事业卷入度对消费者购买意愿的影响用一般线性模型的单变量方差分析来进行研究,结果表明目标陈述和消费者慈善事业卷入度对消费者购买意愿的交互作用显著,具体数据为:$F(1,89)=1.710$,$P<0.05$。因此可知,消费者慈善事业卷入度的调节作用存在,故假设H3成立。由图1可知,具体的调节作用是:当消费者拥有较低的慈

① 参见侯俊东、杜兰英、李剑峰:《公益事项属性与中国消费者购买意愿关系实证研究》,《管理科学》2008年第5期。

② 参见D. Maheswaran and L. J. Meyers, “The Influence of Message Framing and Issue Involvement,” *Journal of Marketing Research*, vol. 27 (1990), pp. 361-367。

善事业卷入度时，相对于抽象的信息框架（$M_{抽象}=5.57$）来说，他们面对具体信息框架时有更加强烈的购买意愿（$M_{具体}=6.21$，$P<0.05$）；而当消费者拥有较高的慈善事业卷入度时，此变化并不明显（$M_{具体}=6.14$；M 抽象$=6.07$，$P>0.05$）。

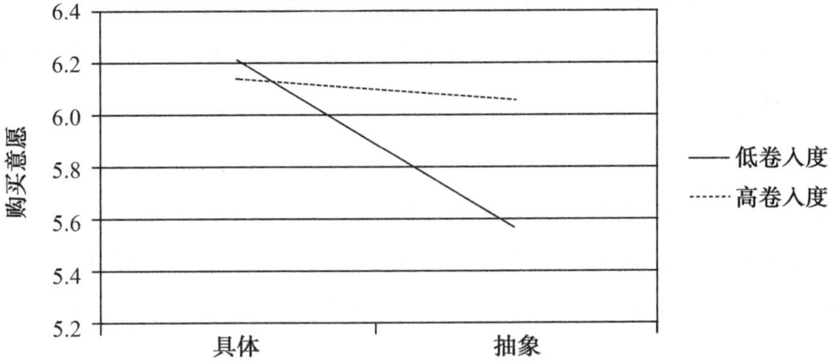

图 1 消费者慈善事业卷入度与目标框架的交互作用

（二）实验 2

1.实验设计

实验 2 在实验 1 的基础上，继续探究目标框架对消费者购买意愿的影响机制，即探究消费者利他动机感知的中介作用。研究品类仍采用试验 1 中虚拟的“可为文具”具体广告宣传语。实验程序为：首先，请被试阅读广告语；其次，请被试回答购买动机、利他动机和目标框架抽象程度等测量题项；最后回答人口统计特征题项。共发放问卷 300 份，回收并剔除不合格问卷后的有效样本为 287 份，其中男性样本 127 人，女性样本 160 人，男性样本占 44.25%，且性别差异对购买意愿无显著性影响，具体数据为：$F(1,286)=0.67$，$P=0.195>0.05$。

2.量表选择

在实验 2 中需要对购买意愿、消费者的利他动机和目标框架的抽象程度三个构念进行测量。对于产品购买意愿的测量，参照侯俊东等在研究公益事项属性与中国消费者购买意愿关系实证研究中使用过的量表，采用李克特七级量表。[①] 该量表在实验2中的信度系数为0.798，这表明该量表在实验2中具有良好的信度。对于消费者利他动机的测量，采用艾伦（P. S. Ellen）等的6题项量表进行测量，由两组被试进行评价，题项包括“该企业试图回馈社会”等。[②] 被试基于李克特七级量表进行评价。该量表的信度系数为0.777，这表明该量表在实验2中具有良好的信度。

3.假设检验

根据中介效应检验程序，从表1可知，首先自变量目标框架对因变量购买意愿有显著影响（模型2，$\beta=0.319$，$P<0.01$）。其次自变量目标框架对中介变量利他动机有显著影响（模型1，$\beta=0.298$，$P<0.01$）；中介变量利他动机对因变量购买意愿也有显著影响（模型3，$\beta=0.327$，$P<0.01$）。这表明目标框架对购买意愿的影响至少有一部分通过中介变量利他动机来实现。最后，将目标框架、利他动机同时作为自变量，将购买意愿作为因变量，当这三个变量同时存在时，观察目标框架与购买意愿的因果关系会不会减弱，从而验证利他动机的中介作用。从模型4可看出，当引入利他动机后，目标框架对购买意愿的影响有所减弱，其β系数明显降低，从0.319减弱到0.222（$P<0.01$），表明利他动机具有部分中介作用。因此，假设H2成立。

表1　假设检验结果（$N=287$）

变量		利他动机	购买意愿		
		模型1	模型2	模型3	模型4
自变量	目标框架	0.298**	0.319**		0.222**
中介变量	利他动机		0.393**	0.327**	
R^2		0.089	0.102	0.154	0.199

① 参见侯俊东、杜兰英、李剑峰：《公益事项属项与中国消费者购买意愿关系实证研究》，《管理科学》2008年第5期。

② 参见P. S. Ellen, L. A.Mohr, and D. J.Webb, “Charitable Programs and the Retailer: Do They Mix,” *Journal of Retailing*, vol. 76, no. 3 (2000), pp. 393-406。

续表

变量	利他动机	购买意愿		
	模型 1	模型 2	模型 3	模型 4
ΔR^2			0.052	0.097
F	8.550**	10.002**	16.078**	10.839**

注：** $P<0.01$，* $P<0.05$。

四、结论与启示

（一）结论

以善因营销的广告效果为背景，本文研究了善因营销广告诉求目标框架（具体/抽象）对消费者购买意愿的影响，以及不同慈善事业卷入度对这种影响的作用。本文提出的假设得到验证。第一，在善因营销中，与抽象目标描述相比，具体的目标框架更能激发消费者对善因营销活动产生更强的参与意愿。第二，善因营销活动利他动机感知在目标陈述方式对消费者的参与意愿的影响中起到中介作用。具体来说，与抽象的目标表述相比，具体的目标表述可以提高消费者的善因营销活动利他动机感知，进而增强消费者的参与意愿。消费者会通过目标框架这一信息来推断企业参与善因营销的归因。第三，消费者的慈善事业卷入度调节目标陈述方式与购买意愿之间的关系。具体来说，相对于慈善事业卷入度高的消费者，对于慈善事业卷入度低的消费者来说，具体化目标陈述比抽象化目标陈述对消费者参与意愿的影响更为显著。本文主张其在微观上存在相异性。

（二）启示

企业在宣传善因营销过程中，应该关注其慈善努力可实现的目标。本文指出具体的目标框架会对消费者的购买意愿产生正向影响。企业在制定善因营销计划时，要将目标设置得具体化，并使其与目标的其他认知构架有很强的相关性，比如目标的可实现性等。企业应该尽少传达模糊的、抽象的、不容易实现或衡量的目标。比如，“让孩子们健康成长”的承诺就很难衡量。这样的目标设定会让消费者质疑其目标的可实现性以及企业的利他动机，也因此会降低他们的参与意愿;若这种抽象的目标框架转变为具体的目标框架,比如,“每天吃到一个鸡蛋”则可以传达给消费者一个判断企业承诺的信号,消费者会因此提高善因营销活动的参与度。

在善因营销中,消费者对企业参与此活动的归因对提高消费者的参与意愿起到关键作用。本文表明利他动机是决定消费者是否参与善因营销的中介变量。它对善因营销活动的成败起到决定性作用。除了目标框架,企业还需要设计出其他可以引发消费者利他动机归因的前置因素,比如企业慈善事业的选择;与持续性(on-going)的慈善事业相比,消费者会将企业资助突发事件归因于“利他”。若情况允许,企业在进行善因营销活动前,选择与消费者心理距离较近的慈善事业更能产生正面响应。企业应该尽量避免消费者对企业善因营销活动产生伪善感知。当CSR(corporate social responsibility,企业社会责任)行为的响应速度迟缓,CSR投入与企业能力不一致时,消费者会对企业的行为产生伪善感知。[①] 另外,企业应尽量避免发生信任危机后直接采用善因营销。比如上海福喜食品出现安全丑闻后拨出1000万元用于资助视频安全教育的行动就引起了消费者的抵制。

企业在参与善因营销活动时,需要关注其目标顾客群的特点,特别是慈善事业的卷入度。提高低卷入度消费者对善因营销活动的参与度是企业制定战略时的一个重要课题。本文表明,相对于慈善事业卷入度高的消费者,具体化目标陈述比抽象化目标陈述对低卷入度消费者参与意愿的影响更为显著。首先,企业在制定善因营销策略时,应该尽可能具体化活动的目标。其次,由于慈善事业低卷入度的消费者在加工信息时,运用的不是信息的核心内容,而是通过周边路径进行认知,所以企业在信息传播中应该更加关注信息框架,比如信息的正面或负面表述,捐款数额用百分数还是实数等。

① 参见牟宇鹏、汪涛、王波:《企业慈善战略为何适得其反——消费者感知企业伪善研究》,《珞珈管理评论》2012年第2期。